どんな子でも すぐにきれいな字になる！

まほうの ひらがな れんしゅうちょう

監修
ペン習字研修センター所長
山下静雨

ペン習字研修センター師範
武田静風

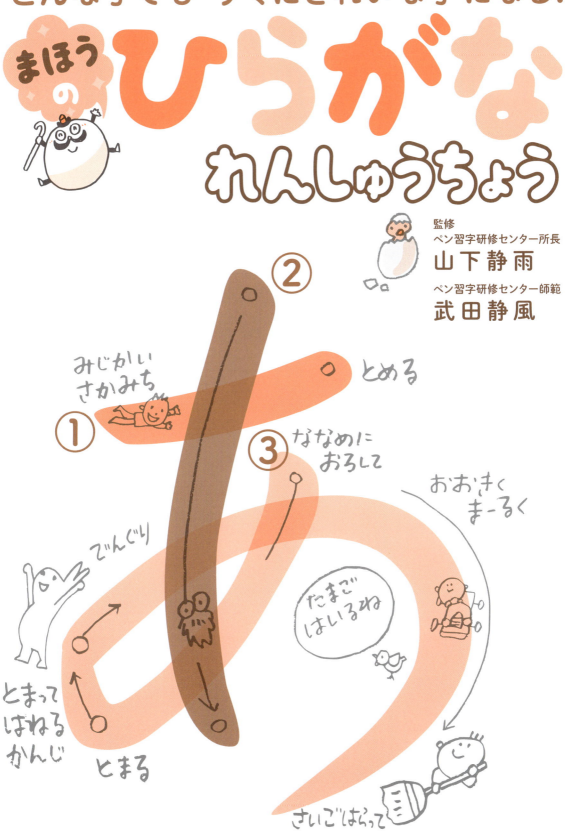

日本文芸社

はじめに

おうちの方へ

この本は、就学前や小学1年生といった幼少期のお子さんが、きれいで読みやすい「ひらがな」を書くことをめざして、つくられています。きれいな字を書くためには、鉛筆の持ち方はもちろん、筆順をはじめ、「止め」「はらい」「折れ」「折り返し」などの筆づかいのポイントをきちんと基本から身につけることが大切です。

従来の「なぞり書き」は、お子さんにとって面白みがないうえに、成長途上のために自由自在に鉛筆を操ることができず、見本の線からはみ出したりしてしまうことが多く、嫌う傾向があります。そのため、本書では文字の形を覚え、自由に書くことをおすすめしています。書体は、学校の教科書で使われている標準的な「教科書体」に準じていますが、ペン習字研修センターを主宰する山下静雨さん、同師範の武田静風さんのお二人に監修していただきました。

本書の特徴は、左ページで紹介していますが、3つのステップでお子さんが、まるで魔法のように楽しく文字が書けるようになることです。最初のステップでは、「指を使うことで正しい書き方」をしっかり身につけます。次のステップでは、「かわいいイラストで書きかたのコツ」を、次のステップでは、「文字の外形を意識しながらバランスの整った文字」が書けるようになります。

きれいな字が書けることは、人生の大きな宝になります。お子さんとのコミュニケーションを楽しみながら、お子さんが正しくきれいなひらがなを書けるようになることを願っています。

この本の上手な使い方

みる

かわいいイラストで、
かきかたのこつを
しょうかいしてあるよ。
だから、みただけで
こつがしっかり
あたまにはいるんだ！

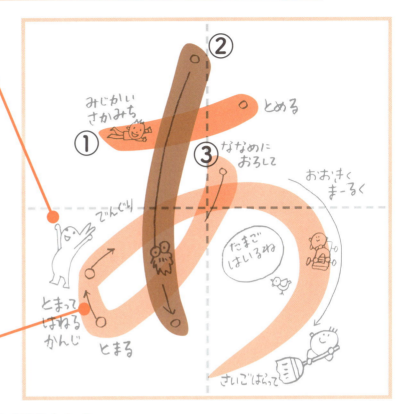

おてほんのじは、おおきくてふといよ。
ひとさしゆびで①からじゅんになぞっていくと
かくじゅんばんがしっかりみにつくよ。
ただしいじゅんばんでかくと、
じのかたちがきれいになるよ。

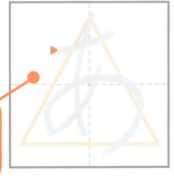

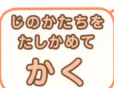

おうちの方へ

ひらがなの練習を始める前に、まず、159ページを開いてください。名前と日付を記入する茶色とオレンジ色の枠の欄があります。最初に茶色の枠の欄に、名前と日付を書かせてください。練習終了後にはオレンジ色の枠に書かせます。お子さんの上達ぶりがひと目でわかるはずです。

さあ、いよいよえんぴつでかいてみよう。
おてほんをじっくりみてね。
○△□などのわくがあるね。
このわくのなかにはいるように
ゆっくりていねいにかくと、
じょうずなじがかけるよ。

もくじ

はじめに……2
この本の上手な使い方……3

【きれいなじをかくきほん】
ただしいしせいとえんぴつのもちかた
- じをかくしせい
- えんぴつのもちかた……6

【きれいなじをかくれんしゅう①】
もじのかたちをみてみよう……8

【きれいなじをかくれんしゅう②】
よくつかうぶぶんのかきかた……10
- 「とめ」「はらい」
- 「おれ」「おりかえし」

【きれいなじをかくれんしゅう③】
よくつかうぶぶんのかきかた……12
- 「まがり」「はね」
- よこながの「むすび」たてながの「むすび」

【きれいなじをかくれんしゅう④】
いろんなせんをかいてみよう……14

★★★★★★★★★★

【ひらがなのおさらい】
いままでれんしゅうしたひらがなを
「あいうえお」じゅんにかいてみよう！……154

【ふろく①】
ちいさいじ（「ゃ」「ゅ」「ょ」「っ」）を
かいてみよう！……156

【ふろく②】
「ﾞ」「ﾟ」をかいてみよう！……157

【ふろく③】
「、」と「。」をかいてみよう！……158

【ふろく④】
なまえをかこう！……159

ひらがなのページ

は P91	な P76	た P61	さ P46	か P31	あ P16
ひ P94	に P79	ち P64	し P49	き P34	い P19
ふ P97	ぬ P82	つ P67	す P52	く P37	う P22
へ P100	ね P85	て P70	せ P55	け P40	え P25
ほ P103	の P88	と P73	そ P58	こ P43	お P28

ん P151	わ P145	ら P130	や P121	ま P106
		り P133		み P109
		る P136	ゆ P124	む P112
		れ P139		め P115
	を P148	ろ P142	よ P127	も P118

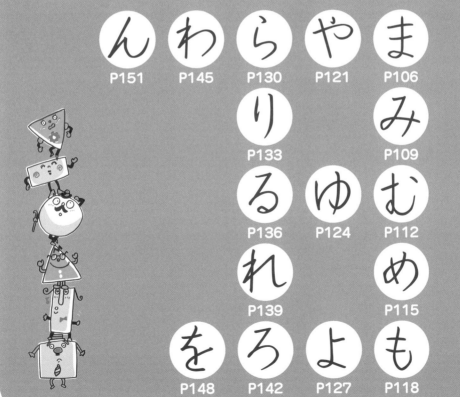

きれいなじをかくきほん

じをかくしせい

しょうめんからみると

みぎめのまえに
えんぴつのさき
がくるよう
かみやノートを
おくといいよ

かおとかみのあ
いだは、30セン
チメートル
はなしてね

ひだりてで
かみをおさえるよ

よこからみると

からだとつくえの
あいだは
こぶしひとつぶん
あけるよ

せすじは
まっすぐ
のばして

あさく
すわってね

あしは、ゆかにつける

ただしいしせいと
えんぴつのもちかた

えんぴつのもちかた

よこからみると

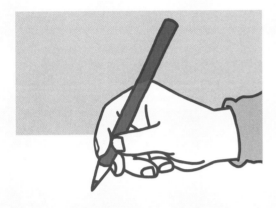

えんぴつは、おやゆびとひとさしゆび、なかゆびの３ぼんでもち、ひとさしゆびにそうようにします。おやゆびとひとさしゆびはかるくまげ、ひとさしゆびがさきにでてます。こゆびはかみにつけます。

しょうめんからみると

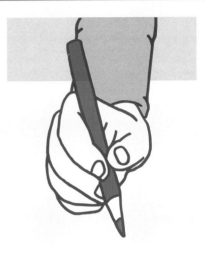

ゆびやてくびにあまりちからをいれないように。
やわらかくえんぴつをもとう。

わるいもちかた

おやゆびがまっすぐのびている…おやゆびのねもとでえんぴつをもつと、じょうずにうごかせないね。

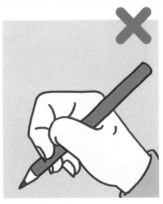

おやゆびのうえにひとさしゆびがのっているもちかた…のびのびしたせんがかけないよ。

ひとさしゆびがぎゃくにそっているもちかた…ちからがはいりすぎて、つかれてしまうよ。

きれいなじをかくれんしゅう①

もじのかたちをみてみよう

なかまをつくっているよ。

ぎゃくさんかくのもじのなかま: さ、て、す、や

まるいもじのなかま: と、の、ゆ、め、ひ

ましかくのもじのなかま: お、け、た、な、に、ね、は、ほ、む、れ、わ

もじにはいろんなかたちがあって、

きれいなじをかくれんしゅう②

よくつかうぶぶんのかきかた

 **とめ** じのおわり ぴたっととめるよ

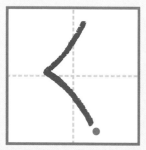 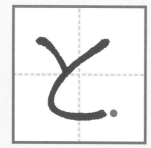 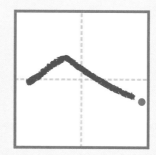

 **はらい** じのおわり すうっとはらうよ

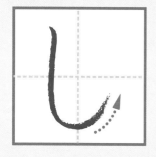  

 れんしゅうしてみよう！

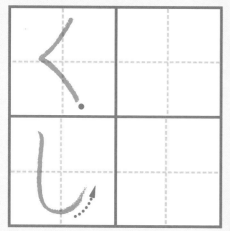 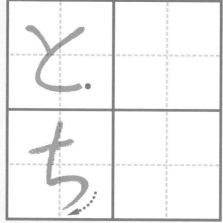

 おれ おりかえし

きごうのところで、せんのほうこうをかえるよ

 れんしゅうしてみよう！

 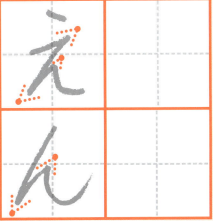 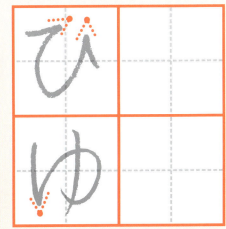

きれいなじをかくれんしゅう ③

 **まがり** まがるところは、ゆっくりかこう

 れんしゅうしてみよう！

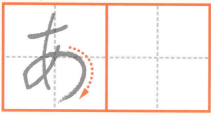 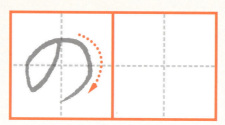

 **はね** つぎのかきだしへ、ぴょんとはねるよ

  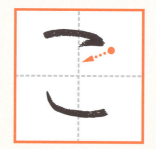

 れんしゅうしてみよう！

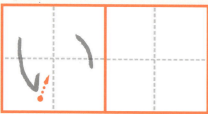 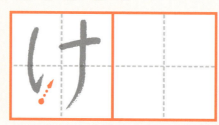

よくつかうぶぶんのかきかた

よこながの「むすび」

おさかなさんがかくれているつもりでかくよ

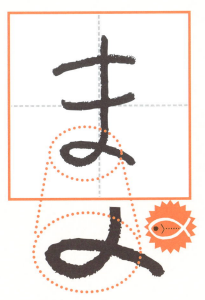 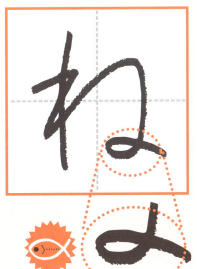 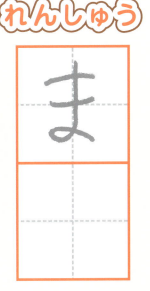

 ## たてながの「むすび」

さんかくおむすびがかくれているつもりでかくよ

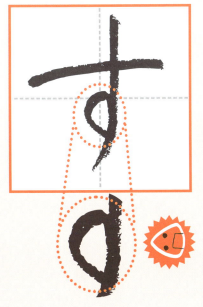 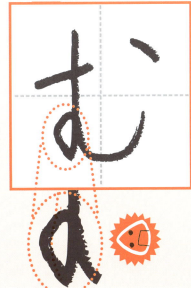 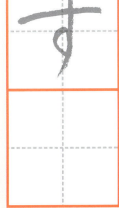

きれいなじをかくれんしゅう④

いろんなせんを かいてみよう

ゆびのうんどうだよ

- - -> からかきはじめよう！

ななめのせん

たてのせん

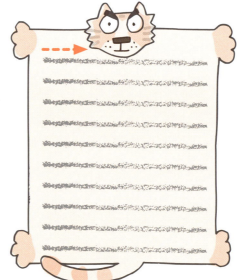
よこのせん

じぐざぐ

おうちの方へ

いろんな線を書くのは、ひらがなを構成している直線や曲線などをスムーズに書くための「指の運動」です。→に沿って、空欄に線を書かせるようにしてください。

よこにふくらむせん   たてにふくらむせん

ひだりまわりの らせん   まる   みぎまわりの らせん

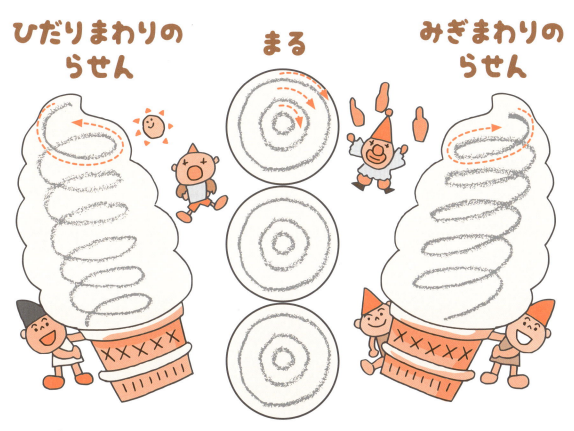

せんのれんしゅう、たのしくできたかな？

「あ」は、さいしょのひらがな。
「あ」にはよことたてのせん、
おおきなまがりの３つの
ようそがあるのだ！

さんかくのなかみ
あ
をかいてみよう！

「あ」からはじまることば。
ほかにどんなものがあるかな？

あめ　あり　あじさい

れんしゅうしたひ
　　がつ　　にち

ゆびでなぞっておぼえよう

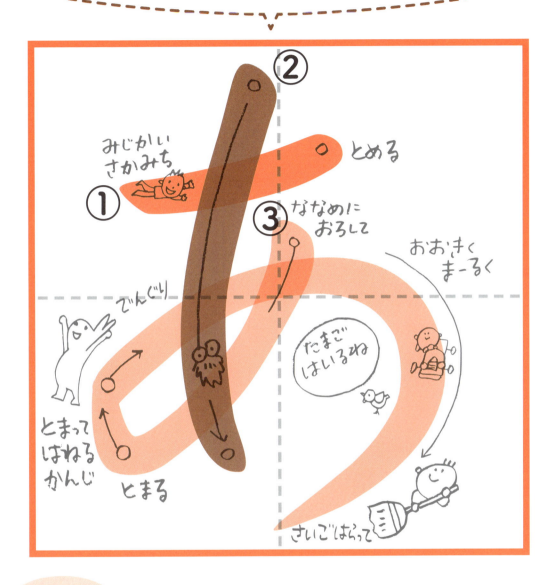

かくじゅんばんが
だいじだよ！

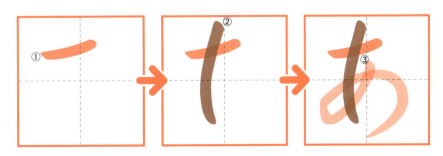

じょうずにかけるかな

▶のところから かきはじめよう！

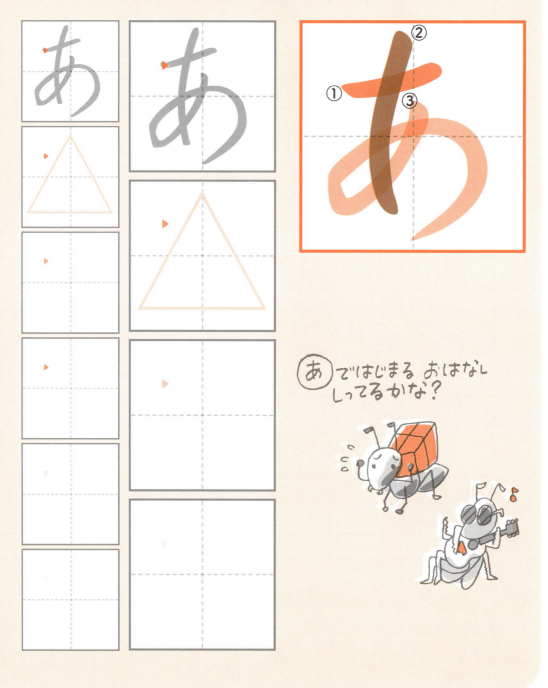

あではじまる おはなし しってるかな？

こたえ：あ りときりぎりす（「イソップものがたり」）

い をかいてみよう！

よこながのなかま

「い」は、たてせんが2ほん。
だけど、すこしまるいせんだよ。
よこながのかたちで
かいてみよう。

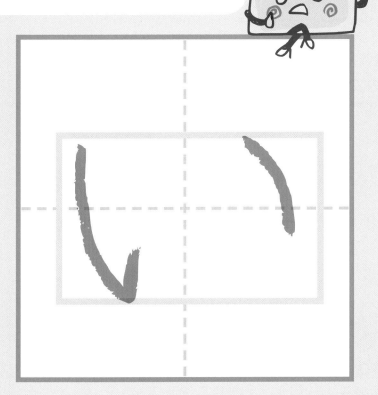

「い」からはじまることば。
ほかにどんなものがあるかな？

いちご
いぬ
いるか

れんしゅうしたひ
　　がつ　　にち

ゆびでなぞっておぼえよう

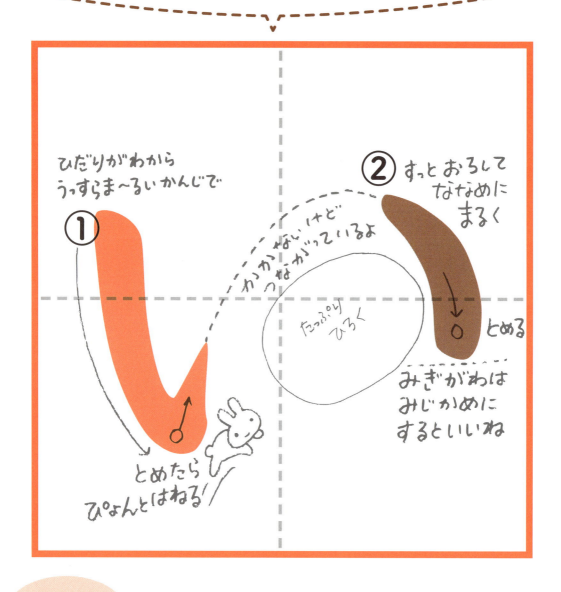

かくじゅんばんが
だいじだよ！

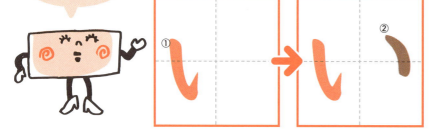

注：昔話、おとぎ話、童話のちがいは、作者がわかっているかどうかで区別されます。
昔話やおとぎ話は作者不詳、童話は作者がいる子ども向けのお話です。

じょうずにかけるかな

▼のところから かきはじめよう！

いのつく むかしばなし しってるかな？

こたえ：いっすんぼうし（日本のおとぎ話）

たてながのなかま　うをかいてみよう！

「う」は、たてながのかたちを いしきすると じょうずに かけるよ。さいごは すうっと はらってね。

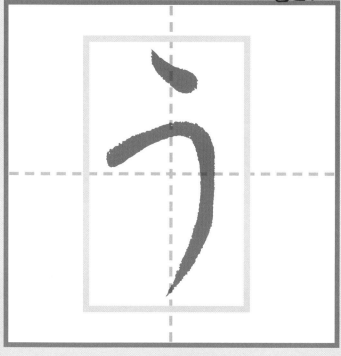

「う」からはじまることば。ほかにどんなものがあるかな？

うさぎ　うし　うくれれ

れんしゅうしたひ　がつ　にち

ゆびでなぞっておぼえよう

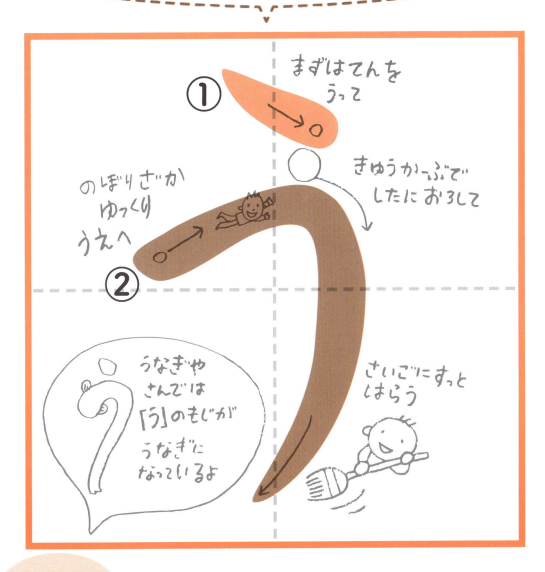

① まずはてんをうって
きゅうかーぶでしたにおろして
② のぼりざかゆっくりうえへ
さいごにすっとはらう

うなぎやさんでは「う」のもじがうなぎになっているよ

かくじゅんばんがだいじだよ！

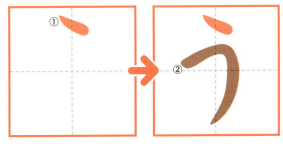

じょうずにかけるかな

▲のところから かきはじめよう！

うではじまる おはなし しってるかな？

こたえ：うさぎとかめ（「イソップものがたり」）

え をかいてみよう！

「え」は、せんのむきをかえる「おり」「おりかえし」が3つあるよ。じょうずにむきをかえるようにしよう！

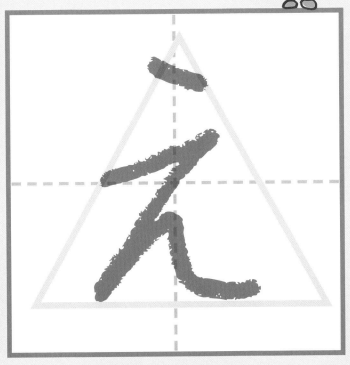

「え」からはじまることば。
ほかにどんなものがあるかな？

えんぴつ　えび　えんまだいおう

れんしゅうしたひ　　がつ　　にち

ゆびでなぞっておぼえよう

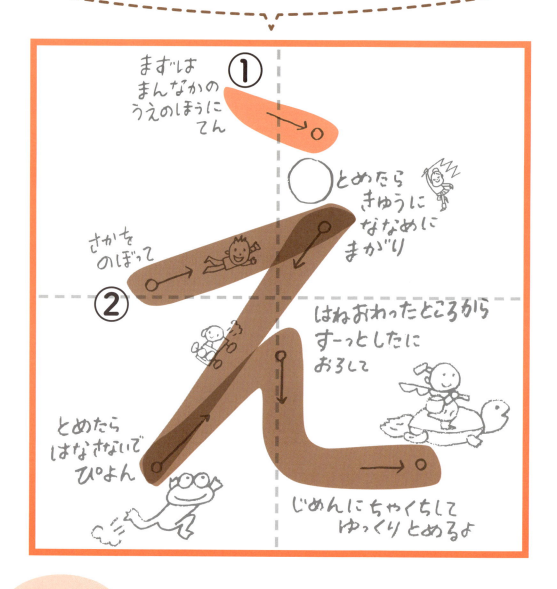

まずは まんなかの うえのほうに てん

とめたら きゅうに ななめに まがり

さかを のぼって

はねおわったところから すーっとしたに おろして

とめたら はなさないで ぴょん

じめんにちゃくちして ゆっくりとめるよ

かくじゅんばんが だいじなのだ！

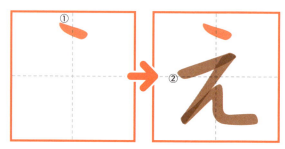

じょうずにかけるかな

▲のところから かきはじめよう！

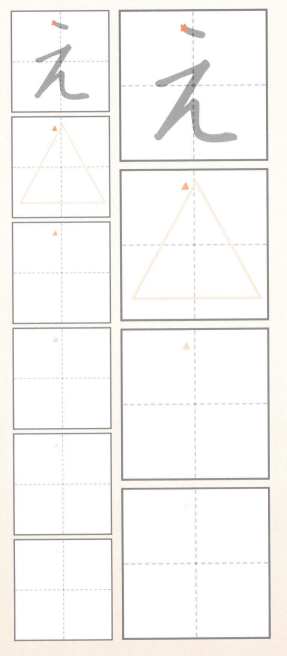

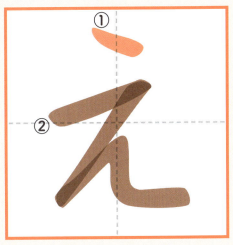

えんまだいおうって しってる？
じごくにいて
うそをついた ひとのしたを
ぬくんだって、こわいね。

「お」は、ましかくのかたちを
いしきしてね。
さんかくのむすびをかいたら、
おおきくみぎにまがるよ。

ましかくのなか
お をかいてみよう！

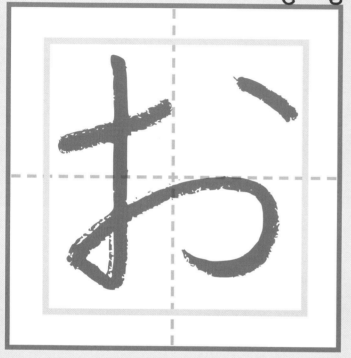

「お」からはじまることば。
ほかにどんなものがあるかな？

おくら　おうぎ　おかりな

れんしゅうしたひ

がつ　にち

ゆびでなぞっておぼえよう

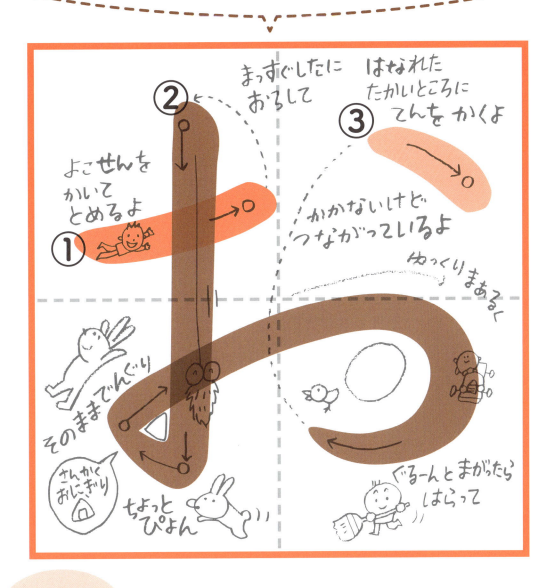

かくじゅんばんが
だいじだよ！

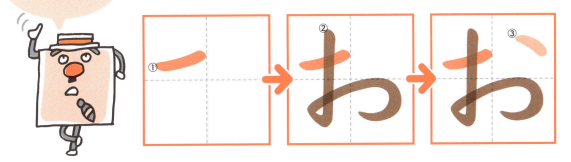

じょうずにかけるかな

▶のところから かきはじめよう！

こたえ：おむすびころりん（日本のおとぎ話）

か をかいてみよう！

よこながのなかま

「か」は、かきじゅんにちゅうい。
さいごのななめのせんは
とおくにかくと
ばらんすがとれるよ。

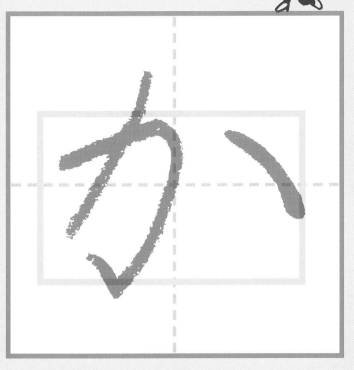

「か」からはじまることば。
ほかにどんなものがあるかな？

かーねーしょん　かき　かかし

れんしゅうしたひ

がつ　　にち

ゆびでなぞっておぼえよう

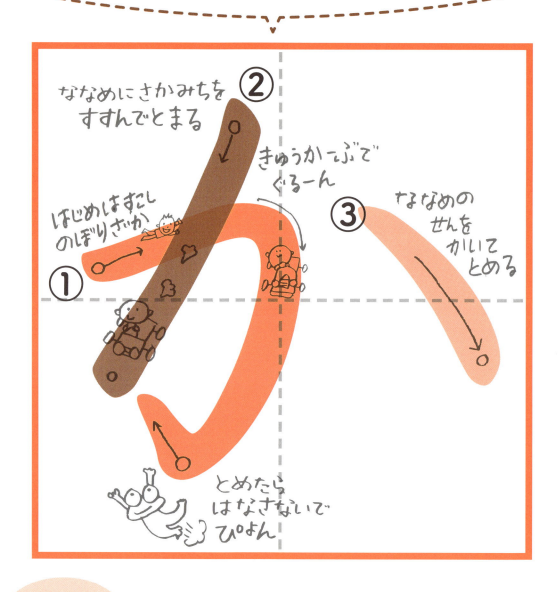

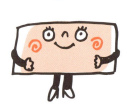

かくじゅんばんが
だいじだね！

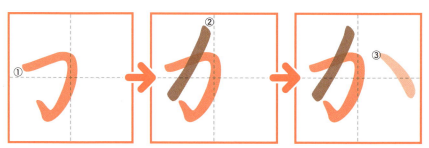

じょうずにかけるかな

▶のところから かきはじめよう!

かのつく むかしばなし
しってるかな?

こたえ：かちかちやま（日本の民話）

き をかいてみよう！

たてながのなかま

「き」は、「さ」とにているけど、よこせんが２ほんあるよ。よこせんはすこしみぎあがりにかくと、かたちがととのうよ。

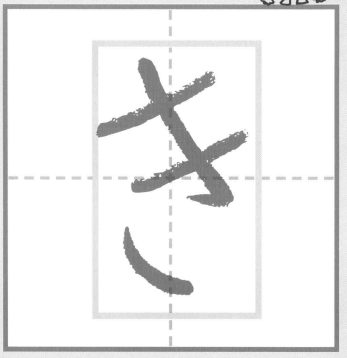

「き」からはじまることば。ほかにどんなものがあるかな？

きんぎょ
きつね
きりぎりす

れんしゅうしたひ
がつ　にち

ゆびでなぞっておぼえよう

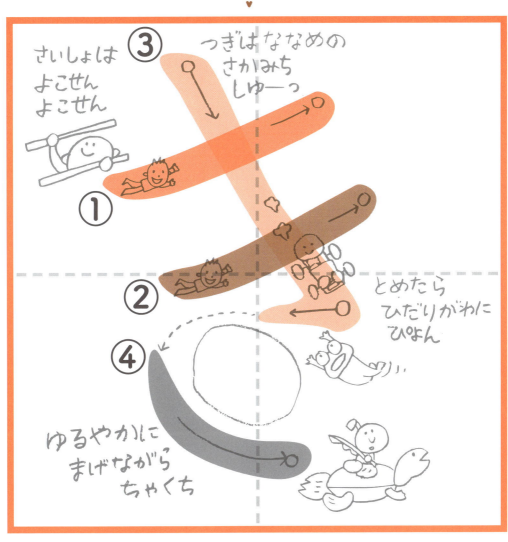

かくじゅんばんが だいじだよ！

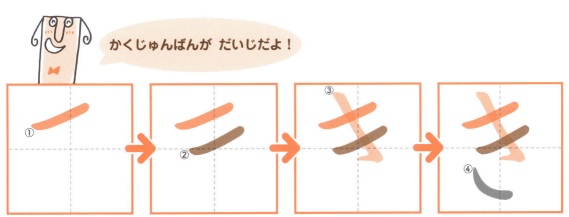

じょうずにかけるかな

▶のところから かきはじめよう！

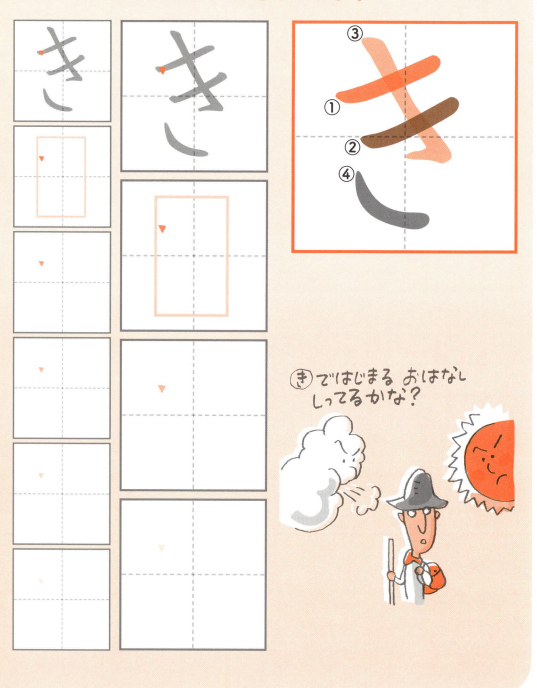

きではじまる おはなし しってるかな？

こたえ：きたかぜとたいよう（「イソップものがたり」）

く をかいてみよう！

たてながのなかま

「く」は、ひとふででかけるよ。
たてせんは、まんなかでおれるよ。

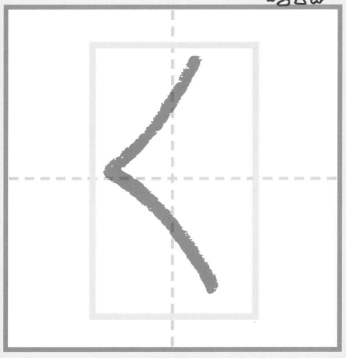

「く」からはじまることば。
ほかにどんなものがあるかな？

くるま　くじら　くすり

れんしゅうしたひ　がつ　にち

ゆびでなぞっておぼえよう

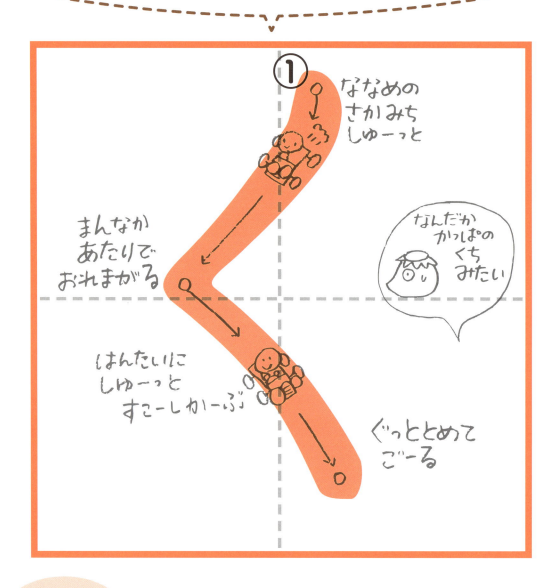

ひとふでで かくよ

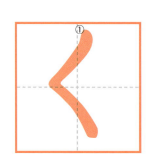

くまさんのからだが くのじにまがってるね

じょうずにかけるかな

▶のところから かきはじめよう！

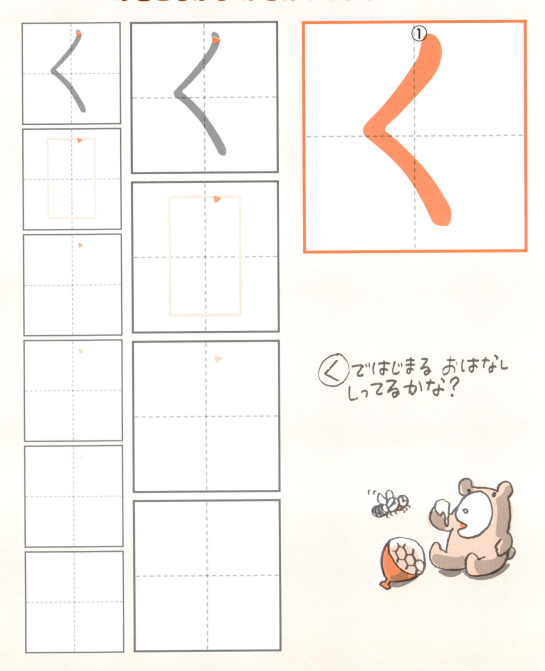

くではじまる おはなし しってるかな？

こたえ：くまのプーさん（イギリスの児童小説）

ましかくのなかも け をかいてみよう！

「け」は、ましかくの
かたちをいしきしてね。
２ほんのたてせんを
すこしまるくかくよ。

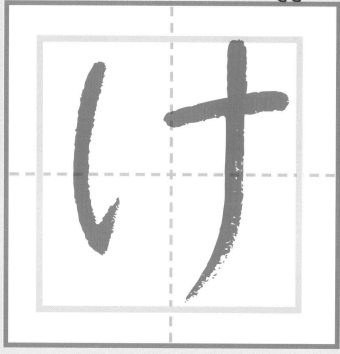

「け」からはじまることば。
ほかにどんなものがあるかな？

けーき　けむし　けいと

れんしゅうしたひ

　　がつ　　にち

40

ゆびでなぞっておぼえよう

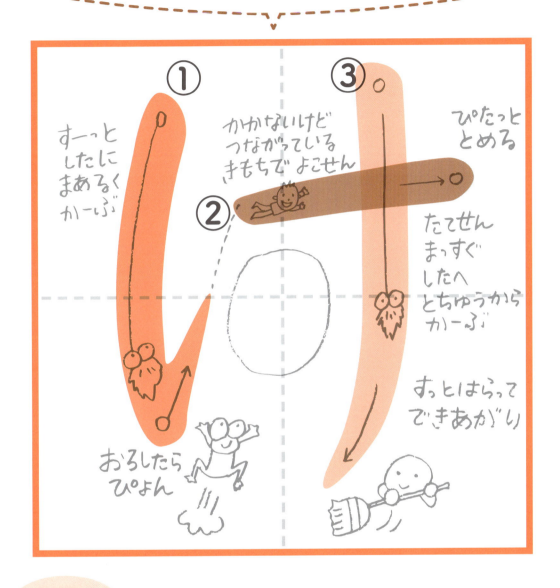

かくじゅんばんが
だいじだよ！

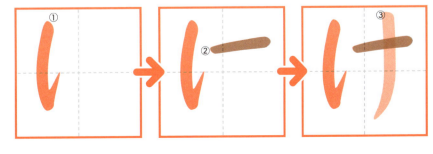

じょうずにかけるかな

▼のところから かきはじめよう!

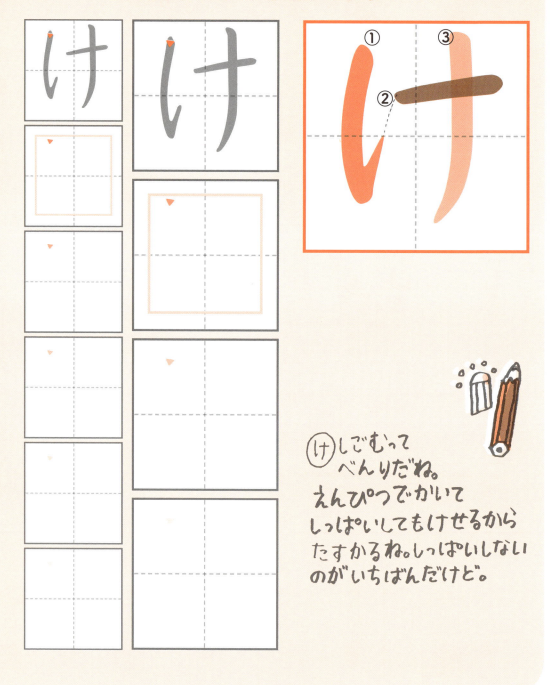

け しごむって
べんりだね。
えんぴつでかいて
しっぱいしてもけせるから
たすかるね。しっぱいしない
のがいちばんだけど。

たてながのなかま こ をかいてみよう!

「こ」は、2ほんのよこせんの ながさはだいたいおなじ。 うえとしたに、すこし ふくらんでいるよ。

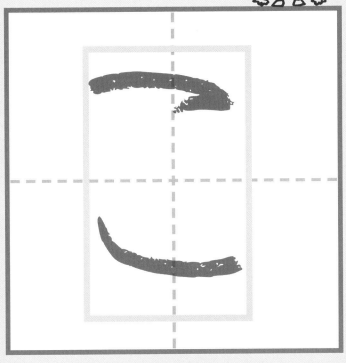

「こ」からはじまることば。 ほかにどんなものがあるかな?

こけし　こうもり　こあら

れんしゅうしたひ

がつ　にち

ゆびでなぞっておぼえよう

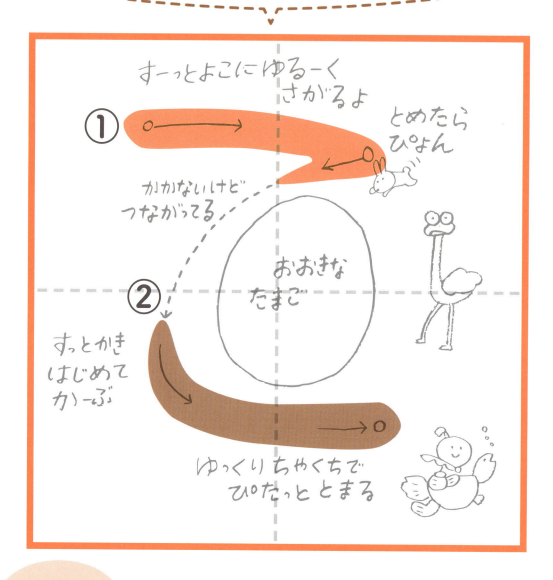

かくじゅんばんが
だいじだよ！

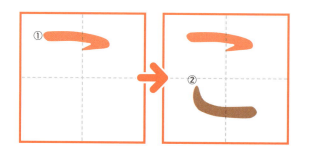

じょうずにかけるかな

▶のところから かきはじめよう！

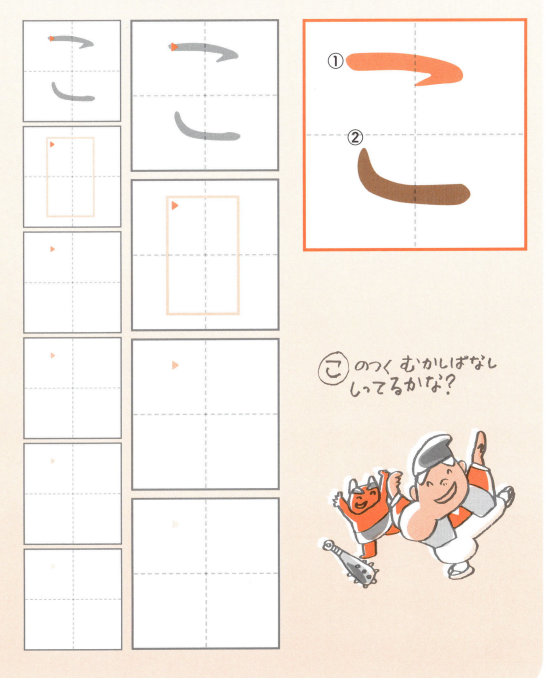

こ のつく むかしばなし
しってるかな？

こたえ：こぶとりじいさん（日本の民話）

さ をかいてみよう！

ぎゃくさんかくのなかま

「さ」は、ぎゃくさんかくの
かたちをいしきしてね。
よこせんをながくかくと
ばらんすがとれるよ。

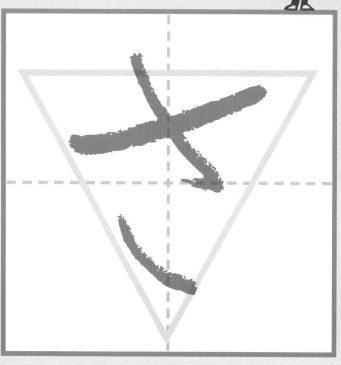

「さ」からはじまることば。
ほかにどんなものがあるかな？

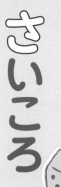
さいころ

さつまいも

さくらんぼ

れんしゅうしたひ

　　がつ　　にち

ゆびでなぞっておぼえよう

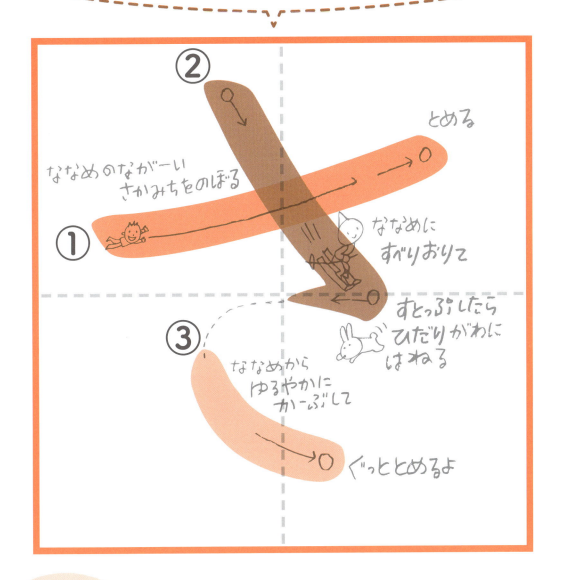

かくじゅんばんが
だいじだね！

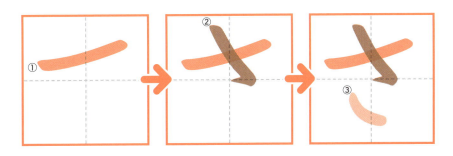

じょうずにかけるかな

▶のところから かきはじめよう！

さのつく むかしばなし しってるかな？

こたえ：さるかにがっせん（日本の民話）

たてながのなかま し をかいてみよう！

「し」は、まっすぐおろしたら、かーぶをまがって、さいごはすっとうえにはらうよ。

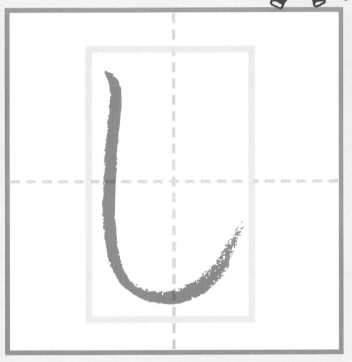

「し」からはじまることば。
ほかにどんなものがあるかな？

しか　　しっぽ　　しろくま

れんしゅうしたひ　がつ　にち

ゆびでなぞっておぼえよう

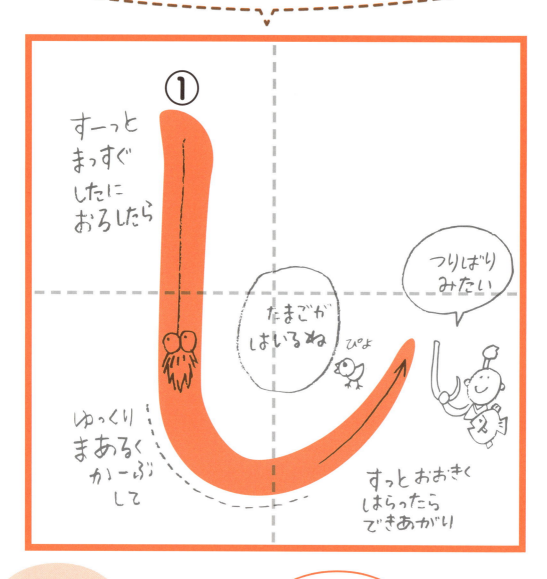

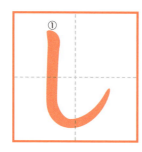

じょうずにかけるかな

▼のところから かきはじめよう！

し のつく むかしばなし
しってるかな？

こたえ：し たきりすずめ（日本のおとぎ話）

さんかくのなかま
す
をかいてみよう！

「す」は、よこせんをながく
かくと、ばらんすがとれるよ。
むすびには、さんかく
おむすびがかくれているよ。

「す」からはじまることば。
ほかにどんなものがあるかな？

すずめ　すし　すいか

れんしゅうしたひ

　がつ　　にち

52

ゆびでなぞっておぼえよう

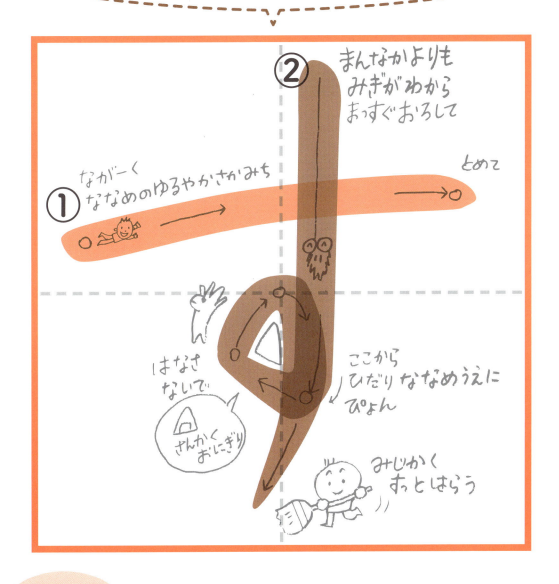

かくじゅんばんが
だいじだね！

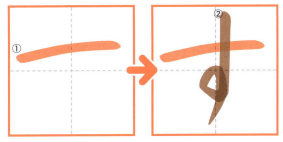

じょうずにかけるかな

▶のところから かきはじめよう！

すみとふでで わしという
かみにかくと
ほぞんがいいと せんねん
いじょうも のこるんだって。

よこながのなかま せ をかいてみよう！

「せ」は、かきじゅんを まちがえやすいよ。よこせんをかいてから、みじかいたてせんだよ。

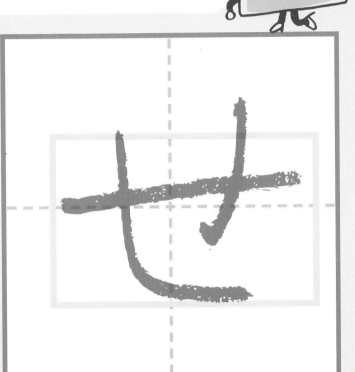

「せ」からはじまることば。ほかにどんなものがあるかな？

せつぶん　せみ　せっけん

れんしゅうしたひ
　がつ　　にち

ゆびでなぞっておぼえよう

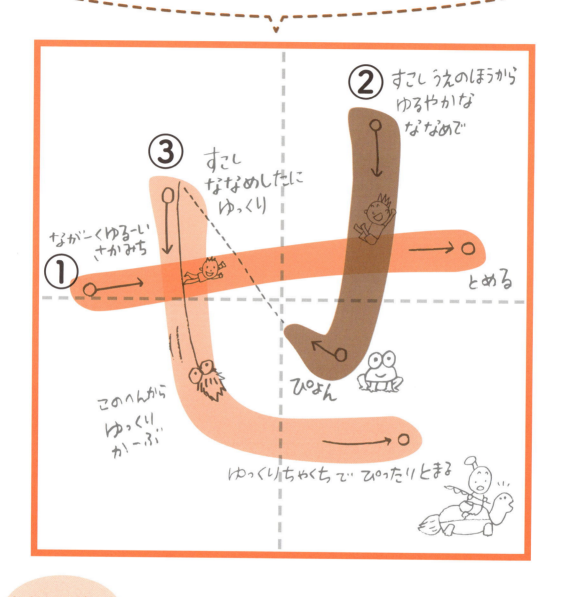

かくじゅんばんがだいじだね！

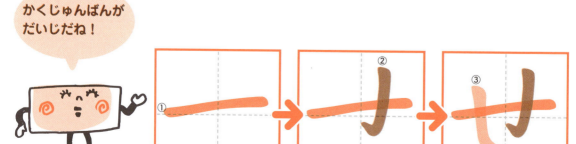

じょうずにかけるかな

▶のところから かきはじめよう！

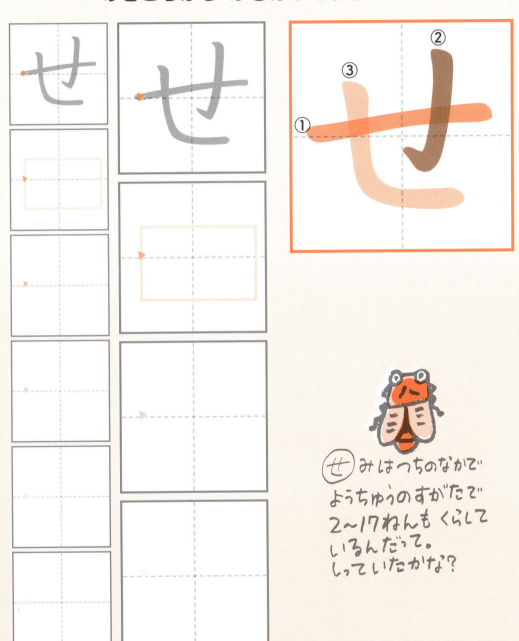

せみはつちのなかで ようちゅうのすがたで 2〜17ねんも くらして いるんだって。 しっていたかな？

注：せみのしゅるいによって、ようちゅうですごすながさが、ちがうよ。
　　あぶらぜみは6ねんなんだって。

そ をかいてみよう！

たてながのなかま

「そ」は、たてながにかくよ。
せんのむきをかえる
「おれ」が２かしょと
「おりかえし」があるよ。

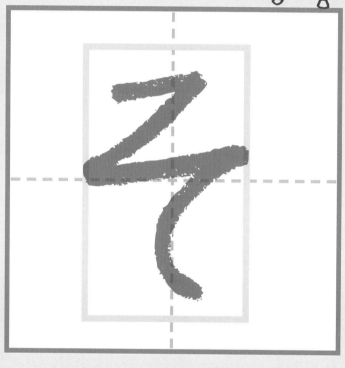

「そ」からはじまることば。
ほかにどんなものがあるかな？

そらまめ
そろばん
そふとくりーむ

れんしゅうしたひ
　　がつ　　にち

ゆびでなぞっておぼえよう

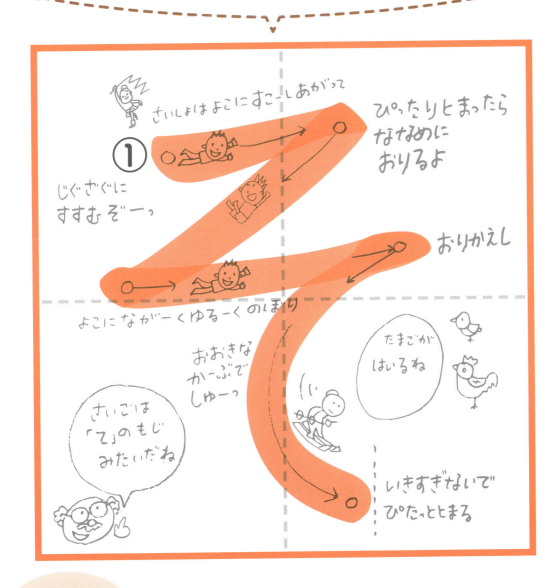

ひとふでで
かくよ

じょうずにかけるかな

▶のところから かきはじめよう！

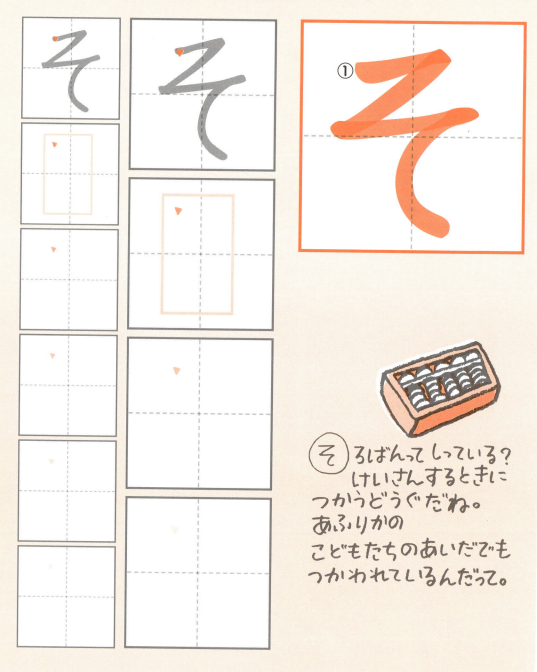

そ ろばんって しっている？
けいさんするときに
つかうどうぐだね。
あふりかの
こどもたちのあいだでも
つかわれているんだって。

ましかくのなかみ た をかいてみよう！

「た」は、「こ」をかかえた かたちだよ。ひだりとみぎの ばらんすをかんがえて、 よこせんはみじかくね。

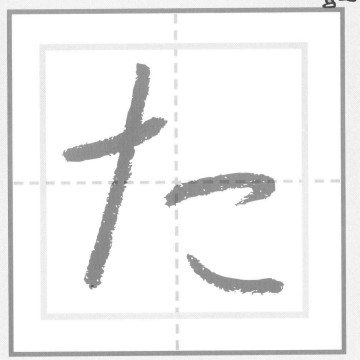

「た」からはじまることば。
ほかにどんなものがあるかな？

たまご　たいこ　たぬき

れんしゅうしたひ
がつ　にち

ゆびでなぞっておぼえよう

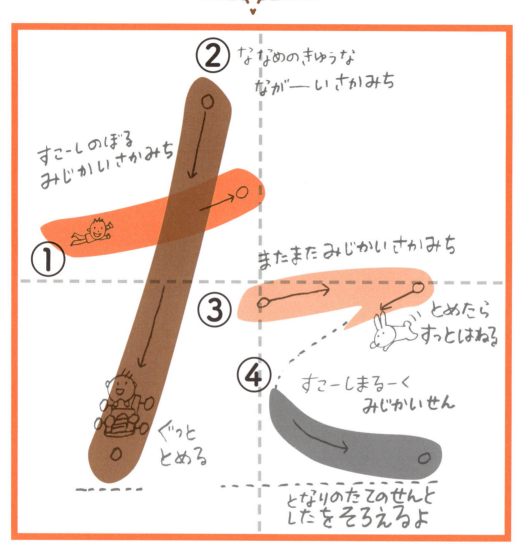

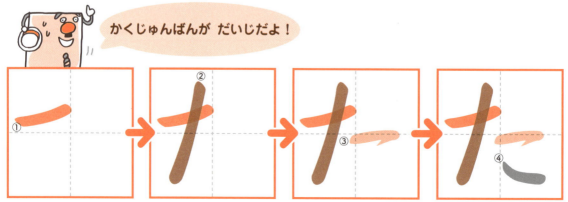

じょうずにかけるかな

▶のところから かきはじめよう！

た のつく むかしばなし しってるかな？

こたえ：た にしちょうじゃ（日本のおとぎ話）

ち をかいてみよう！

たてながのなかま

「ち」は、たてながにかくよ。
②のせんは、すこしななめに
おろしておれたら、
ちいさくまがってはらうよ。

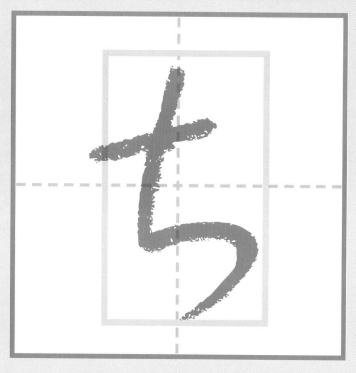

れんしゅうしたひ

がつ　にち

「ち」からはじまることば。
ほかにどんなものがあるかな？

ちゃわん　　ちくわ　　ちゅーりっぷ

ゆびでなぞっておぼえよう

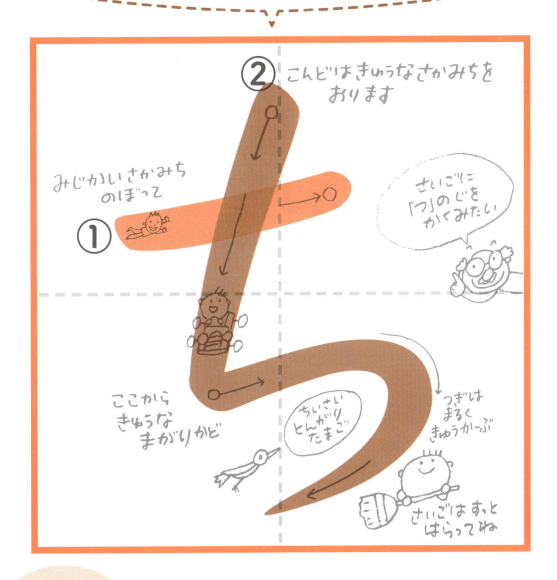

かくじゅんばんが
だいじだよ！

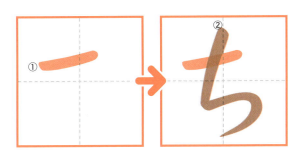

じょうずにかけるかな

▶のところから かきはじめよう！

ちのつく むかしばなし しってるかな？

こたえ：ちからたろう（岩手県の昔話）

つをかいてみよう！

よこながのなかま

「つ」は、よこながにかくと
きれいにみえるよ。
おおきくまがって、
さいごにすっとはらってね。

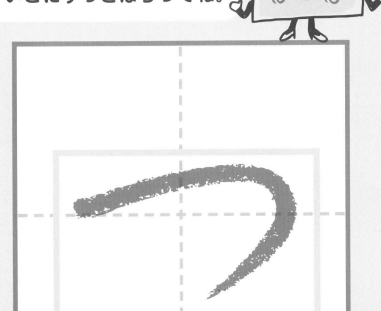

「つ」からはじまることば。
ほかにどんなものがあるかな？

つり　つき　つばめ

れんしゅうしたひ

がつ　にち

ゆびでなぞっておぼえよう

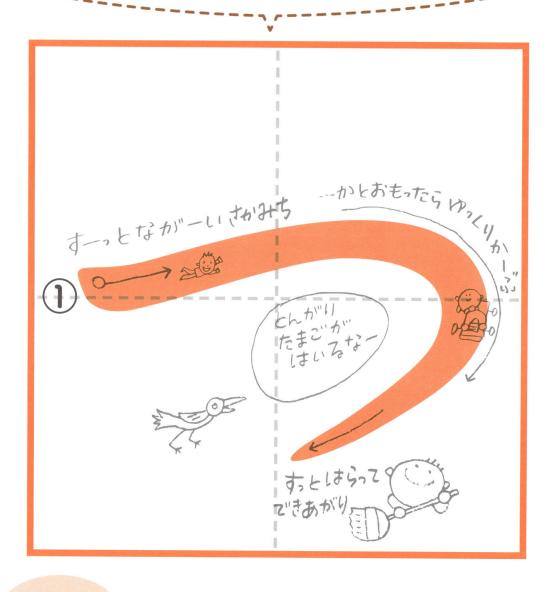

① すーっとながーいさかみち
…かとおもったらゆっくりかーぶ
とんがりたまごがはいるなー
すっとはらってできあがり

ひとふでてかくよ

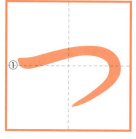

じょうずにかけるかな

▶のところから かきはじめよう！

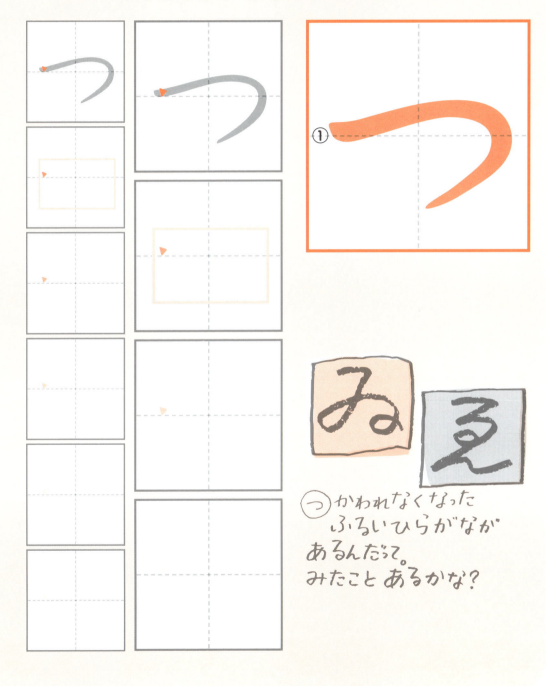

つ かわれなくなった
ふるいひらがなが
あるんだって。
みたこと あるかな？

さんかくのなかま
て
をかいてみよう！

「て」は、よこせんからむきをかえてうちがわにまがるよ。かきおわりが、よこせんからでないようにしてね。

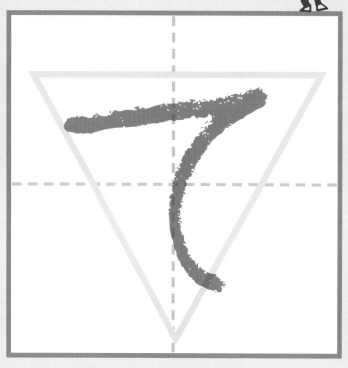

れんしゅうしたひ

がつ　にち

「て」からはじまることば。ほかにどんなものがあるかな？

てんぐ
てがみ
てるてるぼうず

ゆびでなぞっておぼえよう

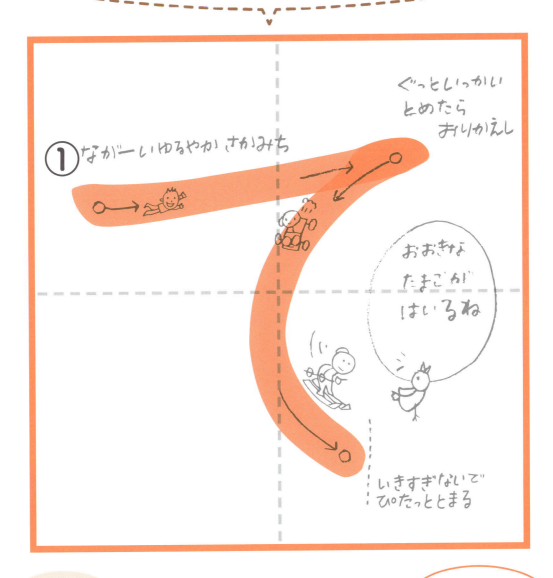

① ながーいゆるやかさかみち

ぐっといっかいとめたらおりかえし

おおきなたまごがはいるね

いきすぎないでぴたっととまる

ひとふででかくよ

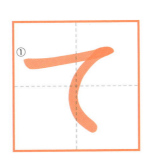

あしたのてんきは、はれだよ

じょうずにかけるかな

▶のところから かきはじめよう！

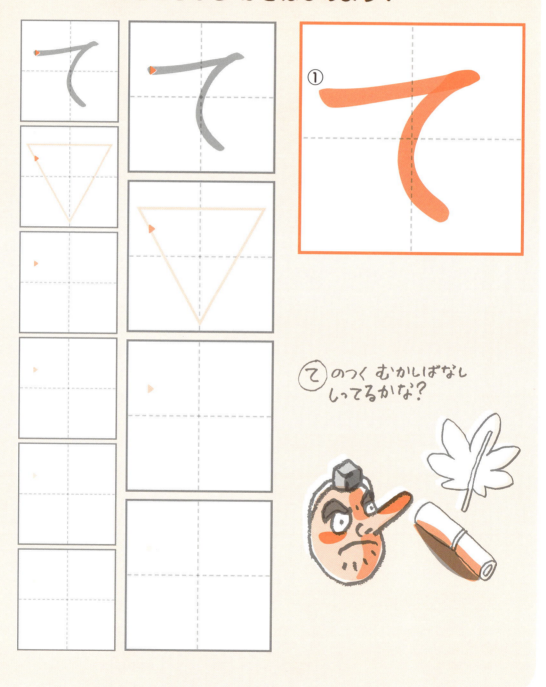

てのつく むかしばなし
しってるかな？

こたえ：てんぐのかくれみの（福井県の昔話）

まるのなかま と をかいてみよう！

「と」には、ぱんとごはん というように、2つの ことばをむすびつける はたらきもあるよ。

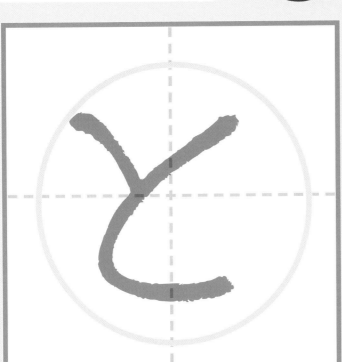

「と」からはじまることば。
ほかにどんなものがあるかな？

とかげ
とうふ
とうもろこし

れんしゅうしたひ
がつ　　にち

ゆびでなぞっておぼえよう

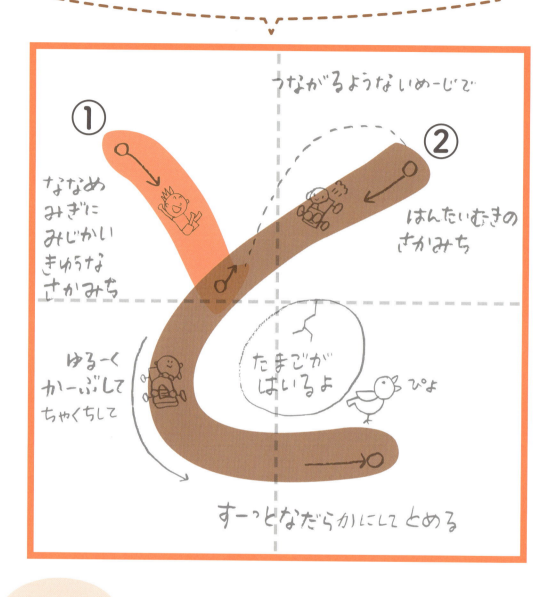

かくじゅんばんが
だいじなのだ！

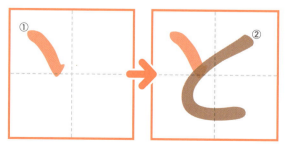

じょうずにかけるかな

▲のところから かきはじめよう！

とではじまる おはなし しってるかな？

こたえ：とかいのねずみといなかのねずみ（イソップものがたり）

な をかいてみよう！

ましかくのなかき

「な」は、かたちをきめるのが むずかしいじだよ。
さいごのむすびには、おさかなさんがかくれているよ。

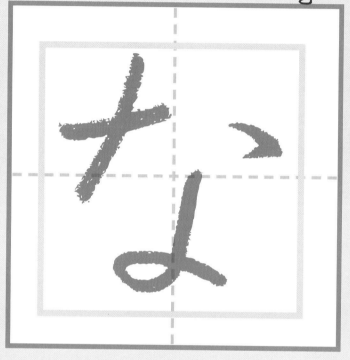

「な」からはじまることば。
ほかにどんなものがあるかな？

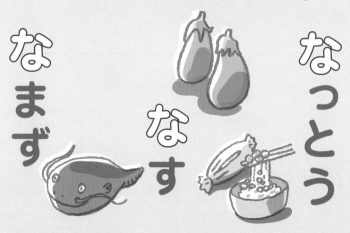

なまず　なす　なっとう

れんしゅうしたひ

がつ　　にち

ゆびでなぞっておぼえよう

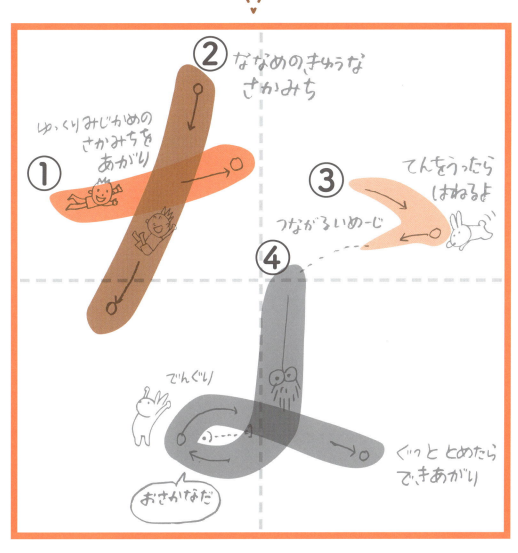

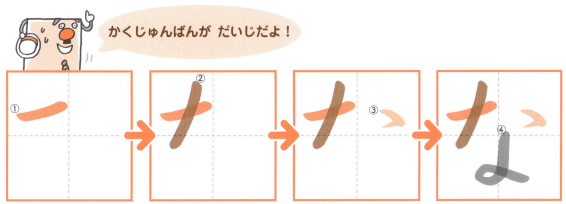

かくじゅんばんが だいじだよ！

じょうずにかけるかな

▶のところから かきはじめよう！

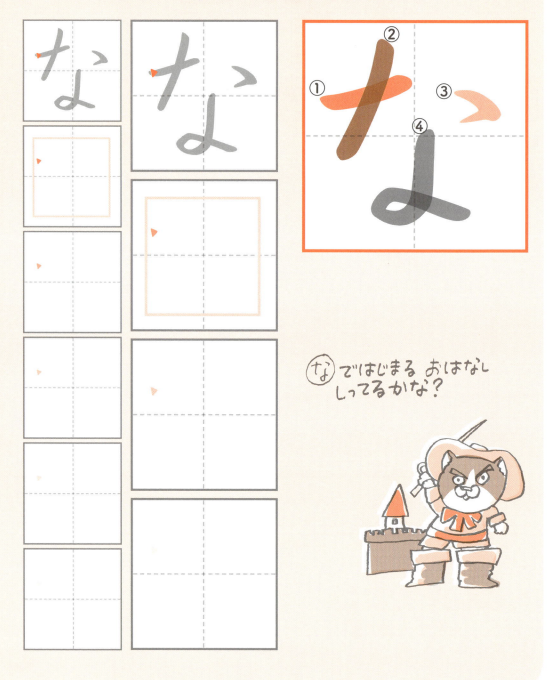

なではじまる おはなし
しってるかな？

こたえ：な がぐつをはいたねこ（ヨーロッパの民話）

に をかいてみよう！

ましかくのなかま

「に」は、「た」ときょうつうのところがあるよ。
「こ」がかくれているね。
たてせんははねるよ。

「に」からはじまることば。
ほかにどんなものがあるかな？

にわとり　にく　にんじん

れんしゅうしたひ
がつ　にち

ゆびでなぞっておぼえよう

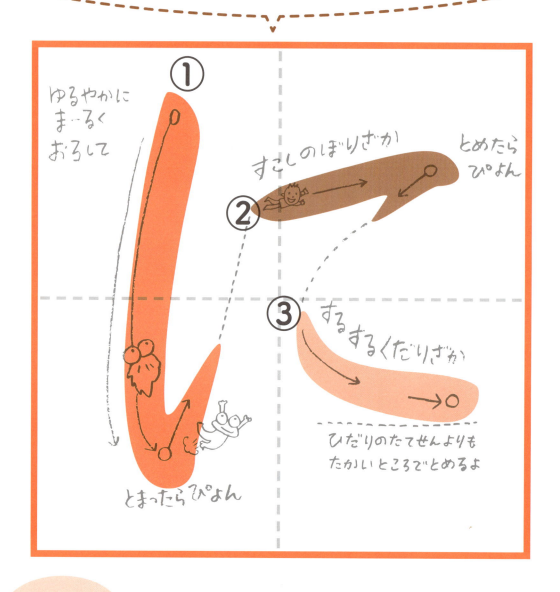

かくじゅんばんが
だいじだよ！

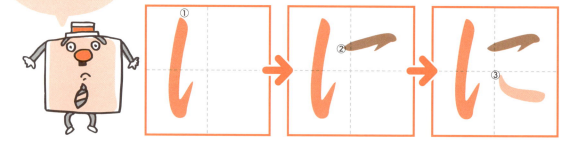

じょうずにかけるかな

▼のところから かきはじめよう！

にではじまる おはなし しってるかな？

こたえ：にんぎょひめ（「アンデルセン童話」）

よこながのなかま ぬ をかいてみよう！

「ぬ」と「め」は、にているけどじのかたちはちがうよ。
「ぬ」はよこながのしかくにおさまるようにかくといいよ。

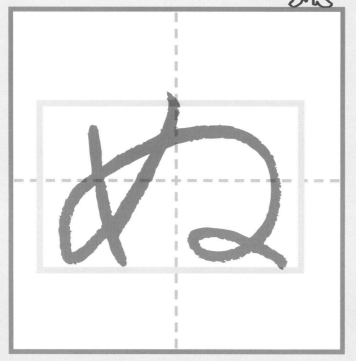

「ぬ」からはじまることば。
ほかにどんなものがあるかな？

ぬいもの　ぬりえ　ぬいぐるみ

れんしゅうしたひ　　がつ　　にち

ゆびでなぞっておぼえよう

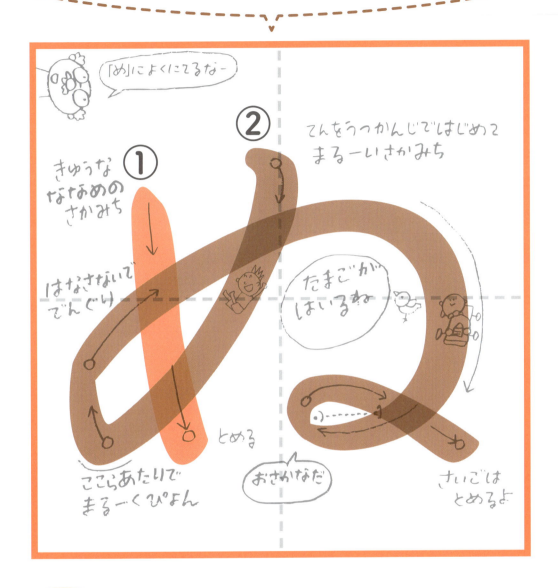

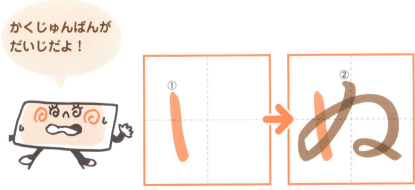

かくじゅんばんが
だいじだよ！

じょうずにかけるかな

▼のところから かきはじめよう！

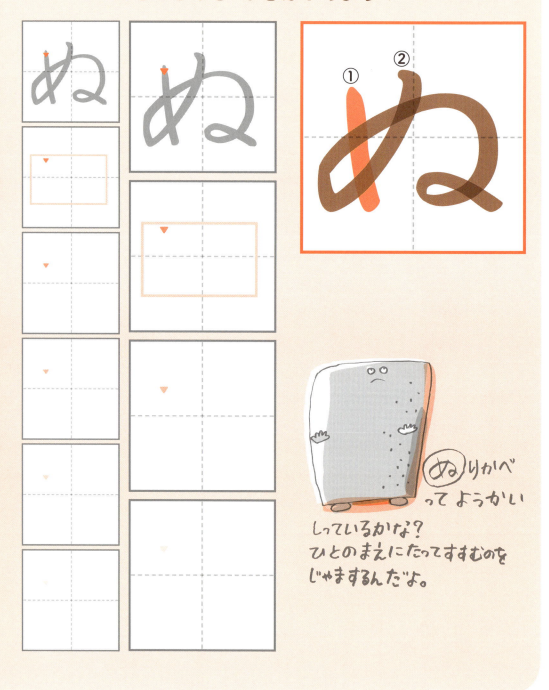

ぬりかべって ようかい しっているかな？
ひとのまえにたってすすむのを じゃまするんだよ。

「ね」は、「おれ」「おりかえし」「むすび」の３つのようそがあるむずかしいじだね。じょうずにかけるかな？

ましかくのなかき　ね　をかいてみよう！

「ね」からはじまることば。ほかにどんなものがあるかな？

ねじ　ねこ　ねずみ

れんしゅうしたひ
がつ　にち

ゆびでなぞっておぼえよう

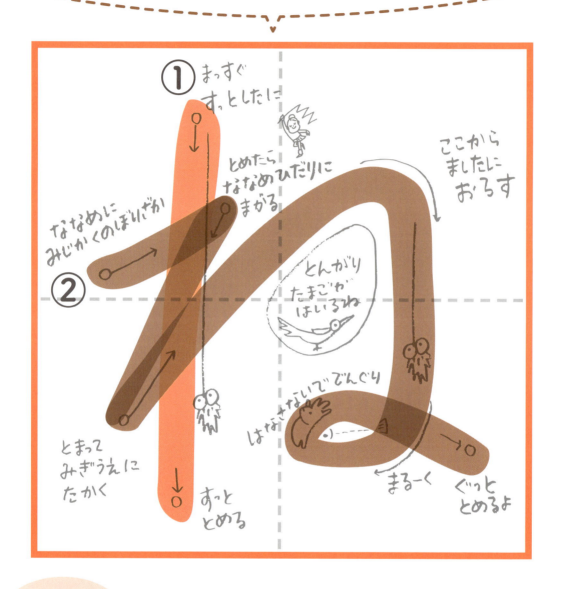

かくじゅんばんが
だいじだよ！

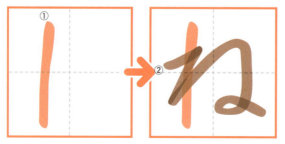

じょうずにかけるかな

▼のところから かきはじめよう！

ねのつく むかしばなし しってるかな？

こたえ：ねずみのよめいり（日本の昔話）

まるのなかま の をかいてみよう!

「の」は、「あ」「ぬ」「め」とおなじ「まがり」のぶぶんをもったじ。これがかけると、ほかもじょうずにかけるよ。

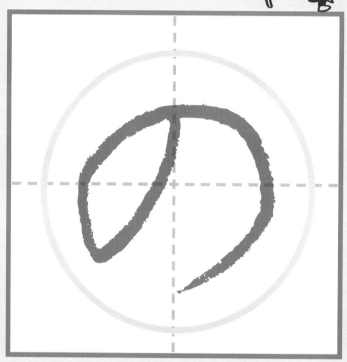

「の」からはじまることば。ほかにどんなものがあるかな?

のり　のど　のこぎり

れんしゅうしたひ
がつ　にち

ゆびでなぞっておぼえよう

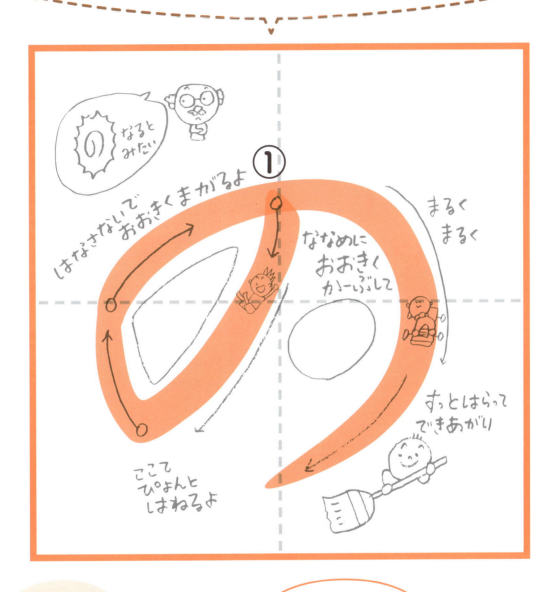

ひとふでで かくのだ

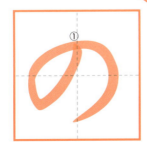

おおきなおめめに 「の」がかくれているよ

じょうずにかけるかな

▼のところから かきはじめよう！

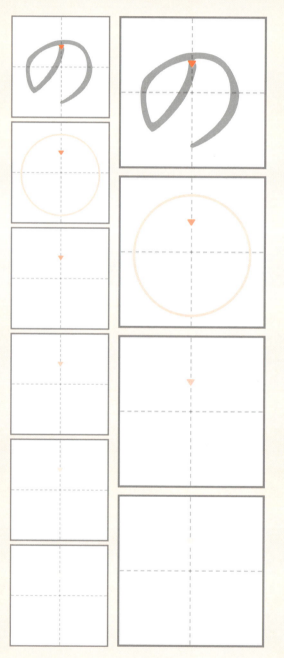

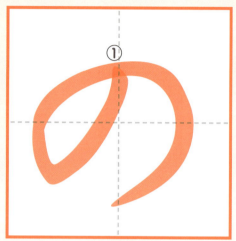

のーとのますのおおきさは
さいしょはおおきいね。
じをかくのになれてきたら、
すきなおおきさのじも
かけるようになるよ。

ましかくのなかに は をかいてみよう！

「は」には、２つのはつおんがあるよ。「わたしは」というように、ほかのことばとむすびつくと「わ」というよ。ふしぎだね。

「は」からはじまることば。
ほかにどんなものがあるかな？

はごいた　はがき　はちみつ

れんしゅうしたひ
がつ　にち

ゆびでなぞっておぼえよう

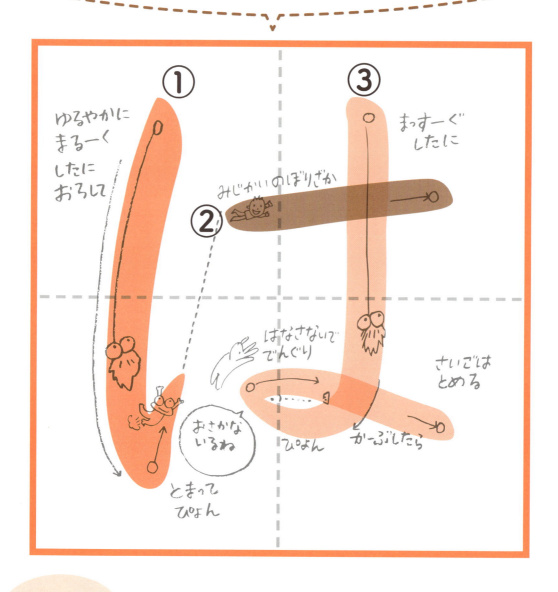

かくじゅんばんが
だいじだよ！

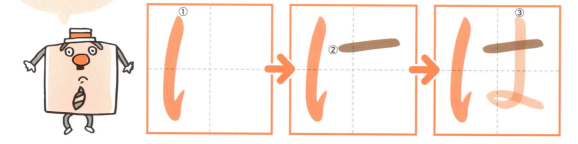

じょうずにかけるかな

▼のところから かきはじめよう！

はのつく むかしばなし しってるかな？

こたえ：はなさかじいさん（日本の民話）

まるのなかま ひ をかいてみよう！

「ひ」には、２つのおりかえしがあるよ。
よこからしたへと、ななめからななめへのおりかえしだよ。

「ひ」からはじまることば。
ほかにどんなものがあるかな？

ひげ　ひつじ　ひとで

れんしゅうしたひ
がつ　にち

ゆびでなぞっておぼえよう

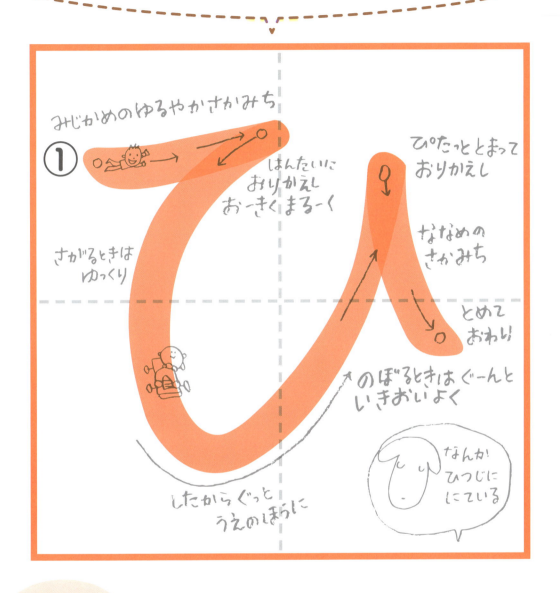

ひとふでで
かくのだ

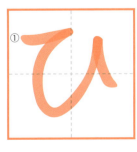

ひまわりのはなが
さいているよ

じょうずにかけるかな

▶のところから かきはじめよう！

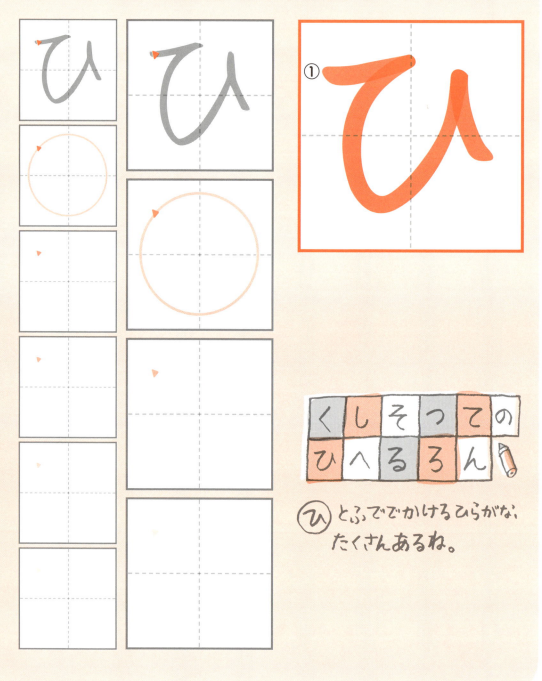

くしそっての
ひへるろん

ひとふででかけるひらがな、
たくさんあるね。

「ふ」は、てんとまがったせんからできているじだよ。
はねるれんしゅうをしよう。

さんかくのなかぎ

ふ

をかいてみよう！

「ふ」からはじまることば。
ほかにどんなものがあるかな？

ふえ
ふぐ
ふくろう

れんしゅうしたひ

がつ　にち

ゆびでなぞっておぼえよう

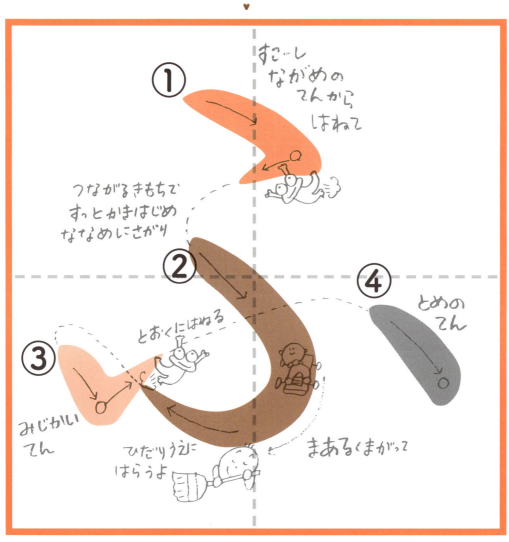

かくじゅんばんが だいじだよ！

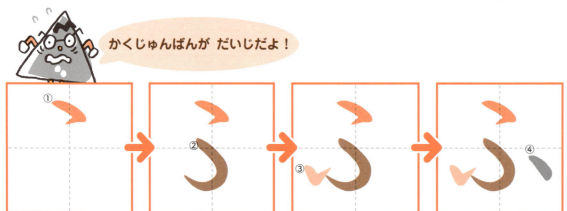

じょうずにかけるかな

▲のところから かきはじめよう！

ふみって なにかわかる？
てがみのことだよ。
きれいなじの
てがみをもらうと
うれしいね。

よこながのなかま へ をかいてみよう！

「へ」も２つのよみかたがあるよ。「どこへいく？」とかくときは、「え」とはつおんするよ。

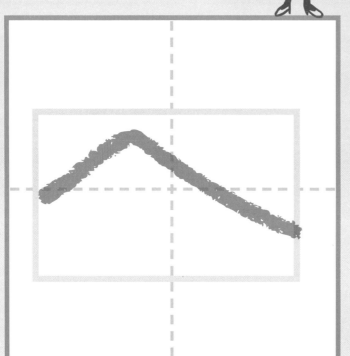

「へ」からはじまることば。ほかにどんなものがあるかな？

へちま　へび　へいたい

れんしゅうしたひ　がつ　にち

ゆびでなぞっておぼえよう

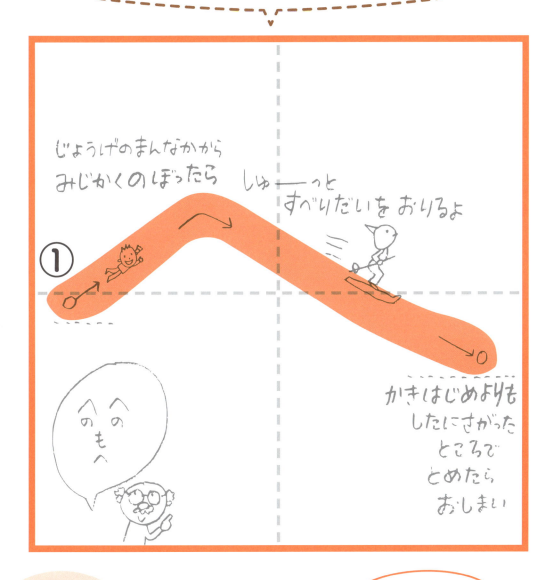

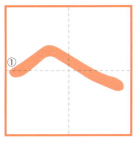

じょうずにかけるかな

▶のところから かきはじめよう！

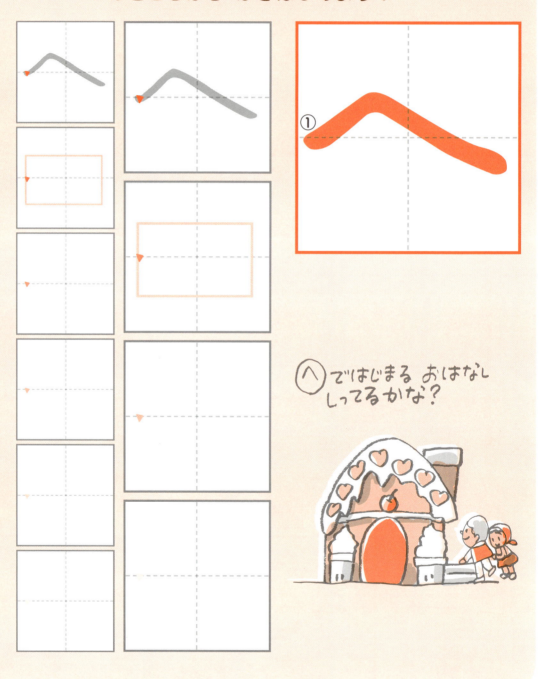

へではじまる おはなし しってるかな？

こたえ：へんぜるとぐれーてる（「グリム童話」）

ましかくのなかに ほ をかいてみよう！

「ほ」は、「は」とにているね。ちがうのは、よこせんが２つあること。うえのよこせんでふたをしているみたいだね。

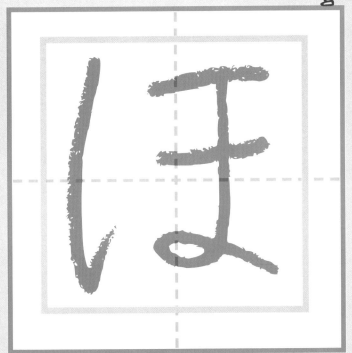

「ほ」からはじまることば。ほかにどんなものがあるかな？

ほたる
ほし
ほうちょう

れんしゅうしたひ　　がつ　　にち

ゆびでなぞっておぼえよう

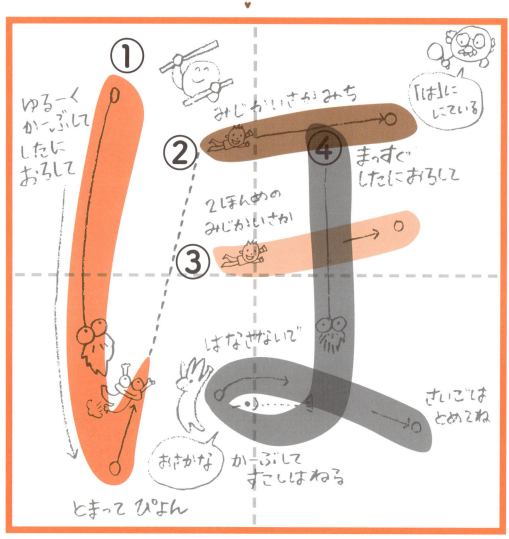

じょうずにかけるかな

▼のところから かきはじめよう！

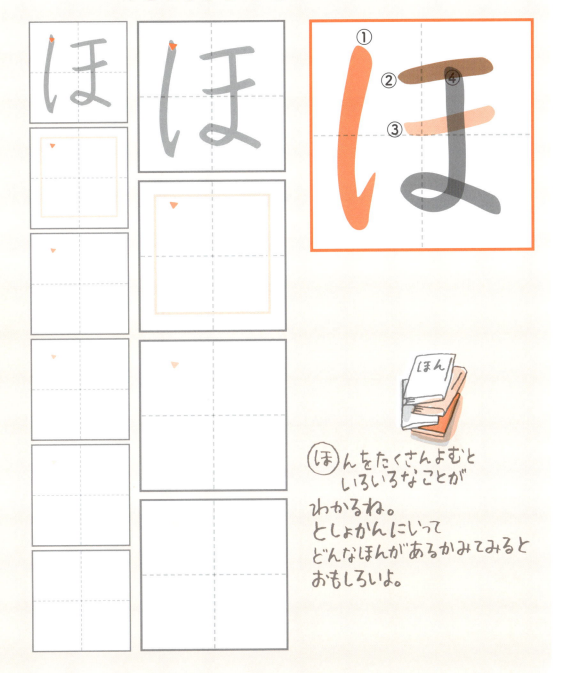

ほんをたくさんよむと
いろいろなことが
わかるね。
としょかんにいって
どんなほんがあるかみてみると
おもしろいよ。

たてながのなかま ま をかいてみよう！

「ま」は、さいごにむすびがあるもじだよ。
おさかなのかたちがかくれているよ。

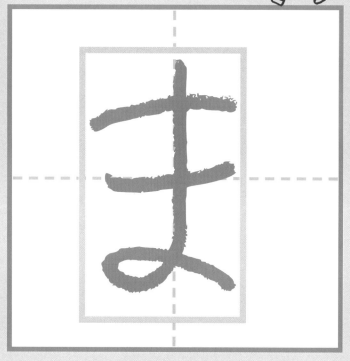

「ま」からはじまることば。
ほかにどんなものがあるかな？

まごのて
まくら
まつぼっくり

れんしゅうしたひ
がつ　にち

ゆびでなぞっておぼえよう

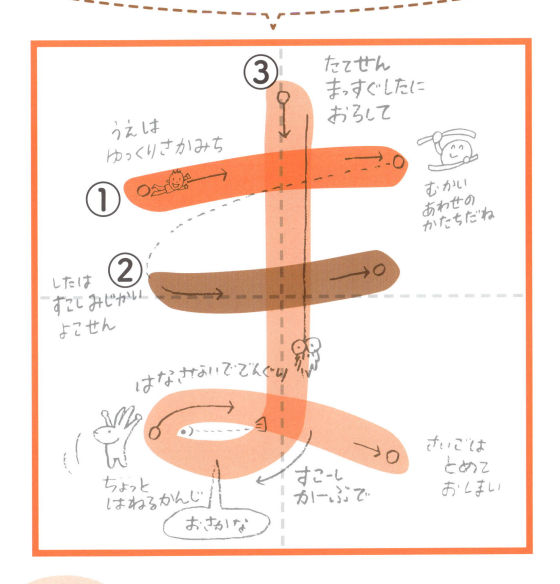

かくじゅんばんが だいじだよ！

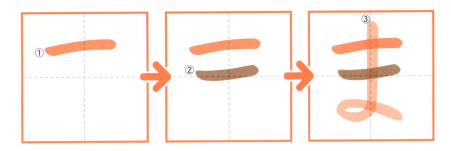

じょうずにかけるかな

▶のところから かきはじめよう！

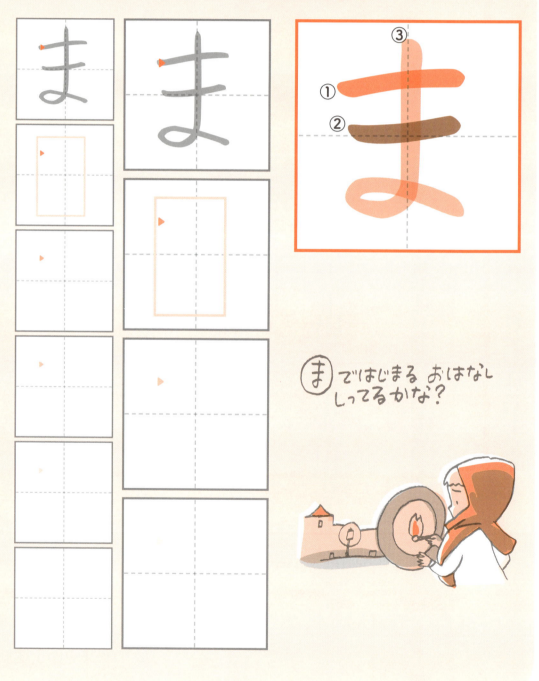

までではじまる おはなし しってるかな？

こたえ：まっちうりのしょうじょ（「アンデルセン童話」）

さんかくのなかま

み

をかいてみよう!

「み」は、せんをおりながら、
さんかくのむすびをかくよ。
じのかたちは、したがひろい
さんかくのなかまだね。

「み」からはじまることば。
ほかにどんなものがあるかな?

みつば
みかん
みのむし

れんしゅうしたひ

がつ　にち

ゆびでなぞっておぼえよう

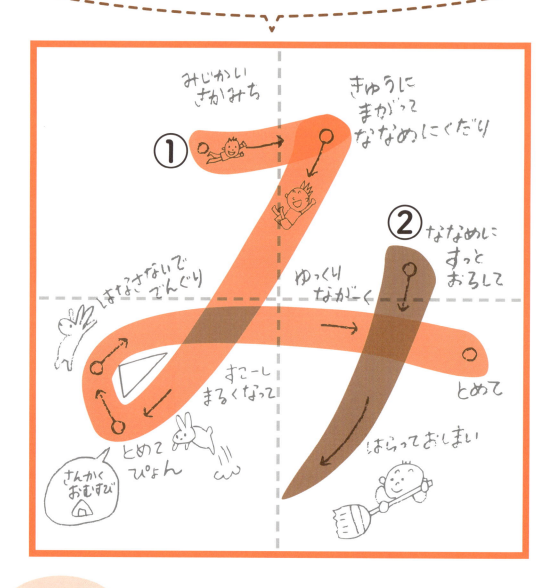

かくじゅんばんが
だいじだよ！

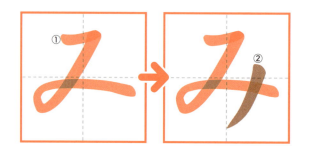

じょうずにかけるかな

▶のところから かきはじめよう！

みではじまる おはなし しってるかな？

こたえ：み にくいあひるのこ（「アンデルセン童話」）

ましかくのなかま
む
をかいてみよう！

「む」は、とちゅうにむすびがあるね。そのかたちは、「お」「す」「み」とおなじさんかくおむすびだよ。

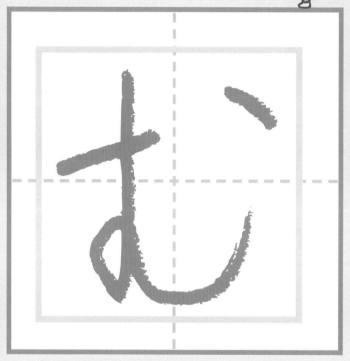

れんしゅうしたひ　がつ　にち

「む」からはじまることば。ほかにどんなものがあるかな？

むくどり　むささび　むかで

112

ゆびでなぞっておぼえよう

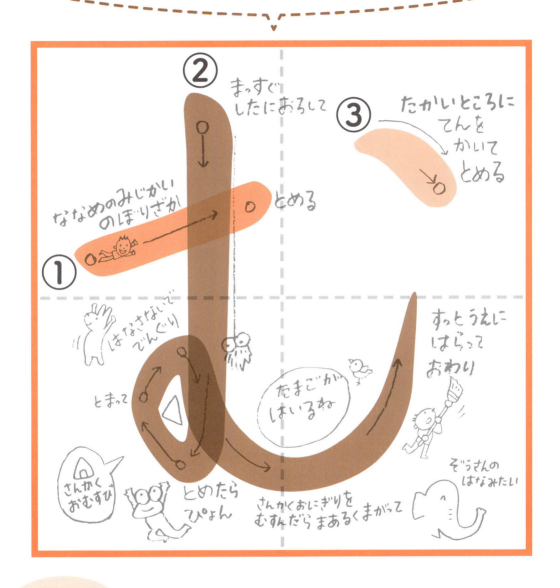

かくじゅんばんが だいじだよ！

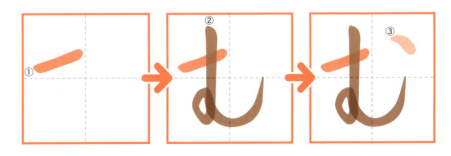

じょうずにかけるかな

▶のところから かきはじめよう！

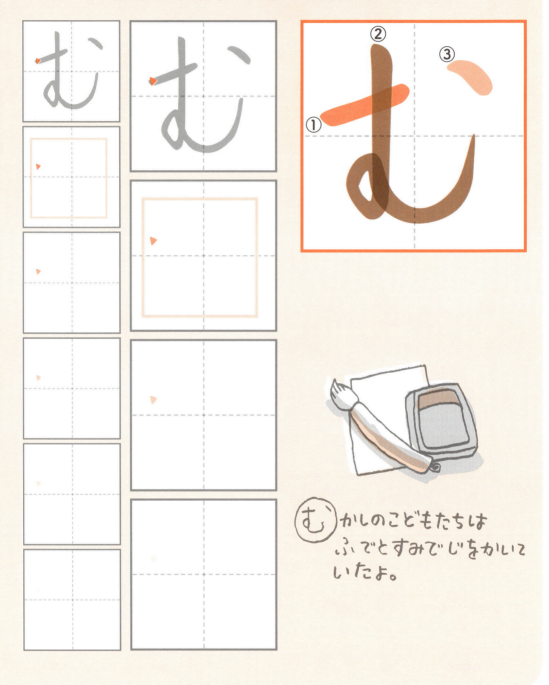

むかしのこどもたちは
ふでとすみでじをかいて
いたよ。

まるのなかま め をかいてみよう！

「め」は、「の」とおなじまるのなかま。かきかたもにているけど、ななめのせんがつきぬけているよ。

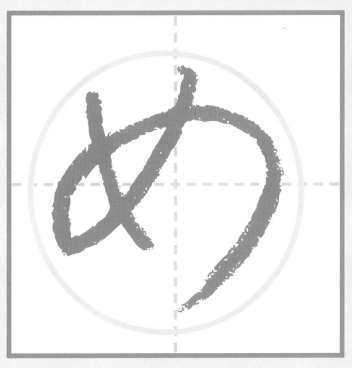

「め」からはじまることば。
ほかにどんなものがあるかな？

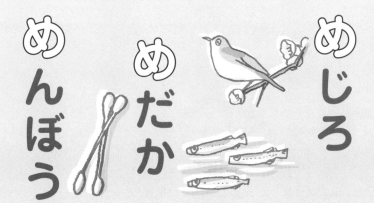

めんぼう
めだか
めじろ

れんしゅうしたひ
がつ　にち

ゆびでなぞっておぼえよう

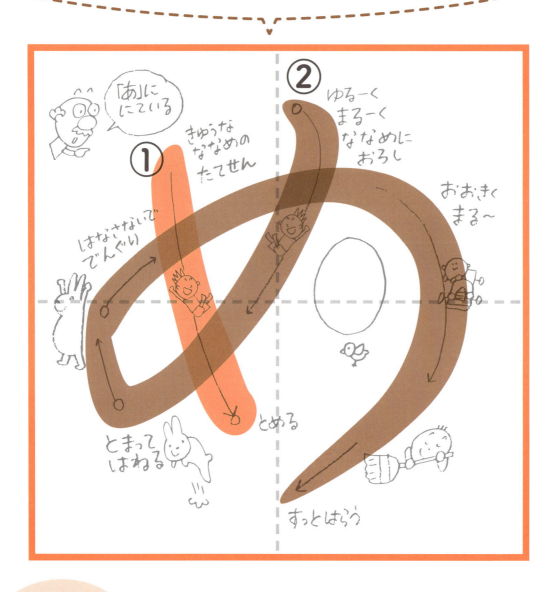

かくじゅんばんが
だいじだよ！

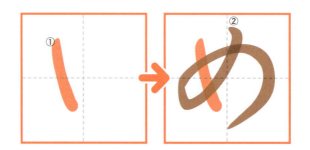

じょうずにかけるかな

▼のところから かきはじめよう！

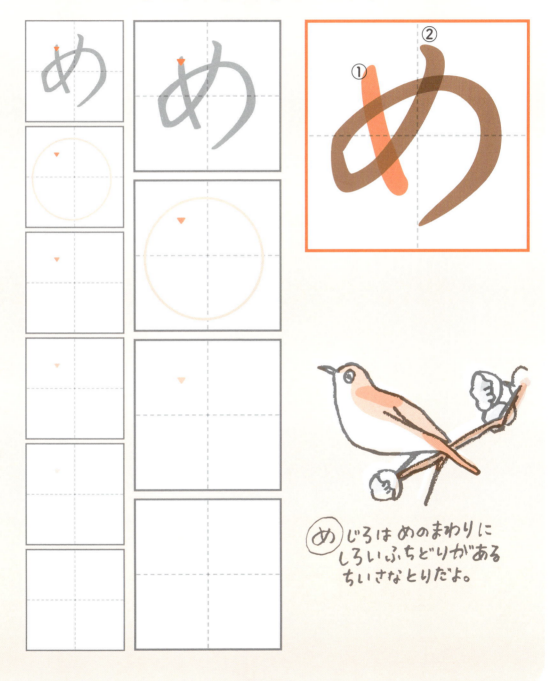

めじろは めのまわりに
しろいふちどりがある
ちいさなとりだよ。

たてながのなかま「も」をかいてみよう！

「も」は、かくじゅんばんをまちがえやすいから、ちゅういしてね。まんなかのせんからかきはじめるよ。

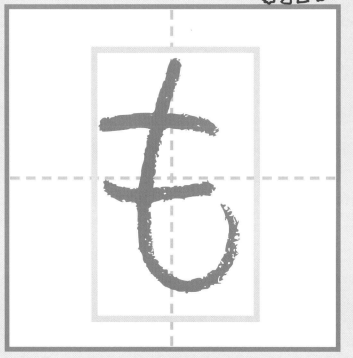

「も」からはじまることば。ほかにどんなものがあるかな？

もぐら　もち　もも

れんしゅうしたひ
　がつ　にち

ゆびでなぞっておぼえよう

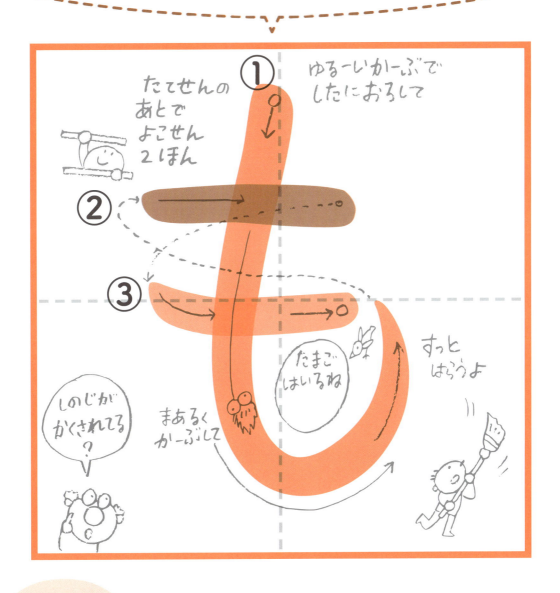

かくじゅんばんが だいじだよ！

じょうずにかけるかな

▼のところから かきはじめよう！

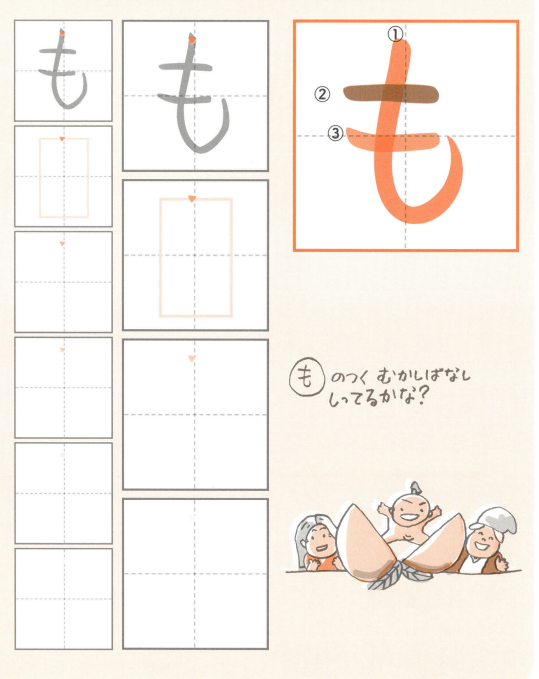

も のつく むかしばなし しってるかな？

こたえ：も もたろう（日本のおとぎ話）

や をかいてみよう！

さんかくのなかよ

「や」も、かくじゅんばんを
まちがえやすいじだよ。
２ばんめはてん、３ばんめが
ななめまっすぐのせんだよ。

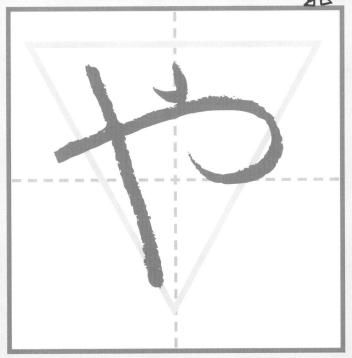

「や」からはじまることば。
ほかにどんなものがあるかな？

やかん　やぎ　やきゅう

れんしゅうしたひ
　がつ　　にち

ゆびでなぞっておぼえよう

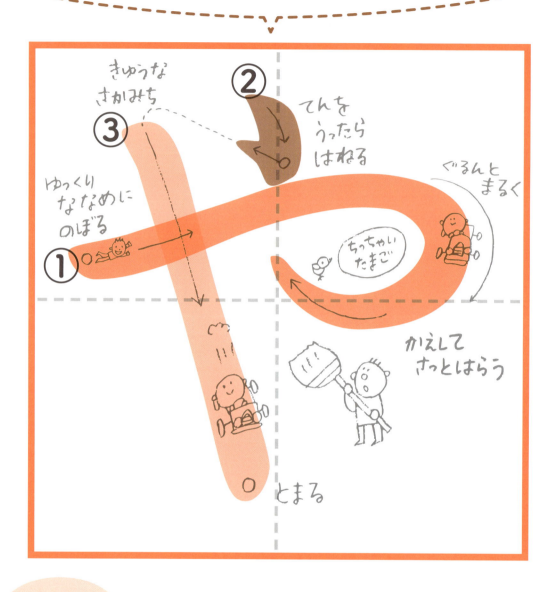

かくじゅんばんが
だいじだね！

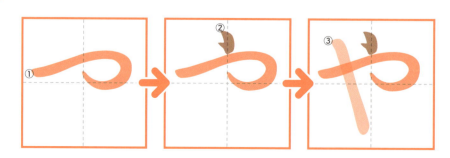

じょうずにかけるかな

▶のところから かきはじめよう！

まるのなかま ゆ をかいてみよう！

「ゆ」には、2つのようそがあるよ。せんのむきをかえる「おりかえし」と、おおきくまわる「まがり」だよ。

「ゆ」からはじまることば。
ほかにどんなものがあるかな？

ゆきだるま
ゆび
ゆたんぽ

れんしゅうしたひ
　　がつ　　にち

ゆびでなぞっておぼえよう

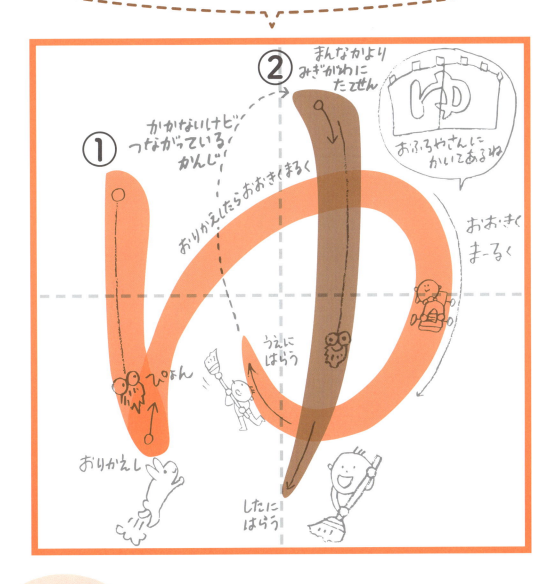

かくじゅんばんが
だいじなのだ！

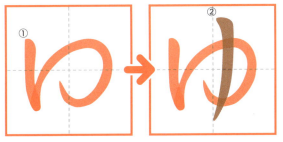

じょうずにかけるかな

▼のところから かきはじめよう！

ゆっくりていねいに かくことが
じょうずになる ちかみちだよ。
きれいなかたちのじを
かきなれてきたら
だんだんはやく
かけるようになるよ。

「よ」は、さんかくのなかま。したがひろがるようにかくといいよ。さいごにおさかなのかたちのむすびがあるね。

さんかくのなかま
よ をかいてみよう！

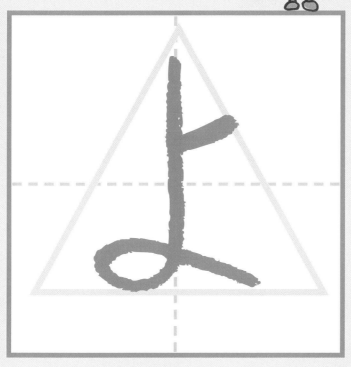

「よ」からはじまることば。
ほかにどんなものがあるかな？

よこづな　ようかん　ようせい

れんしゅうしたひ
がつ　　にち

ゆびでなぞっておぼえよう

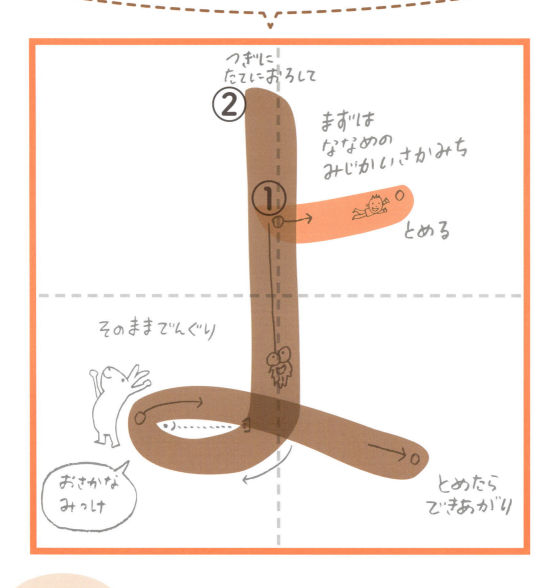

かくじゅんばんが
だいじだよ！

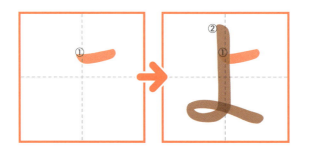

じょうずにかけるかな

▶のところから かきはじめよう！

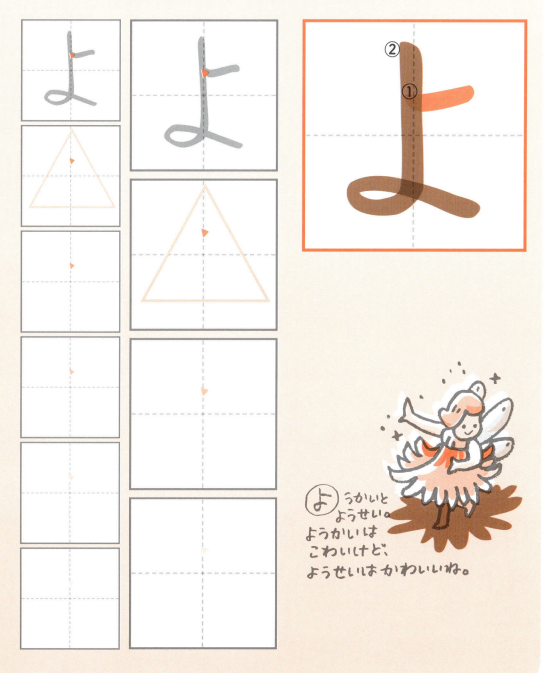

よ うかいと
ようせい。
ようかいは
こわいけど、
ようせいは かわいいね。

たてながのなかま ら をかいてみよう！

「ら」は、たてながのかたちにまとめるときれいにみえるよ。まがりがおおきくなりすぎないようにしてね。

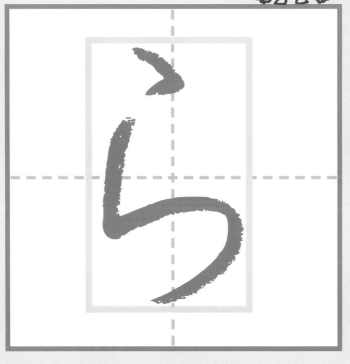

れんしゅうしたひ

がつ　にち

「ら」からはじまることば。ほかにどんなものがあるかな？

らいおん　らくご　らんどせる

ゆびでなぞっておぼえよう

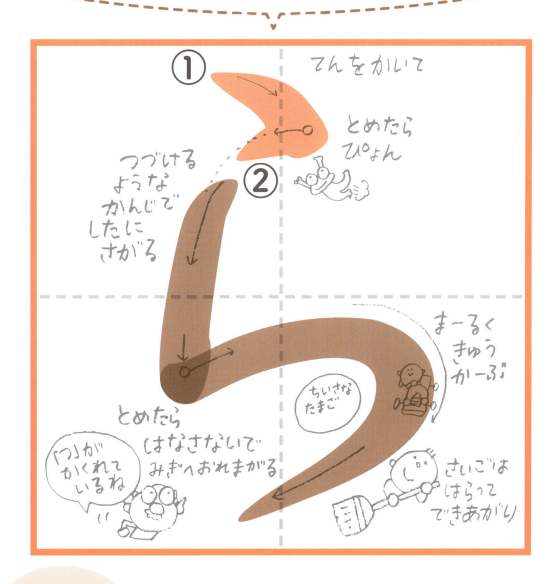

かくじゅんばんが
だいじだよ！

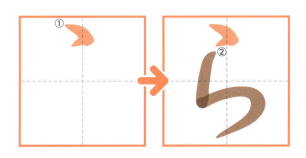

じょうずにかけるかな

▲のところから かきはじめよう！

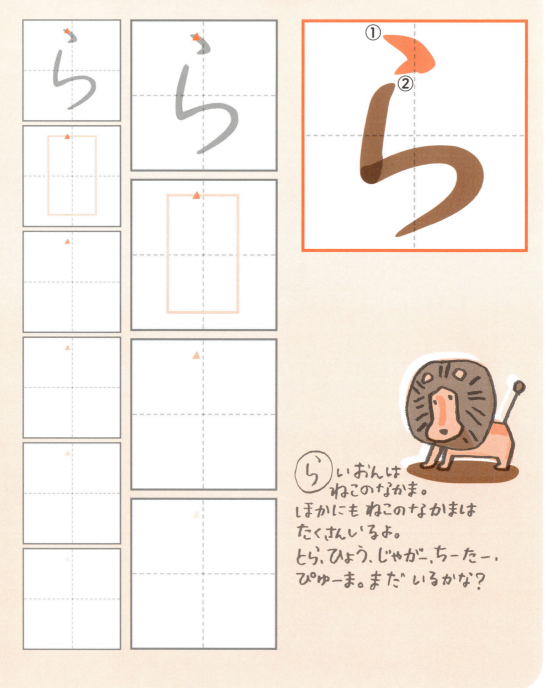

らいおんは ねこのなかま。
ほかにも ねこのなかまは
たくさんいるよ。
とら、ひょう、じゃがー、ちーたー、
ぴゅーま。まだ いるかな？

りをかいてみよう！

たてながのなかま

「り」は、たてながのかたちに
ととのえると、きれいだよ。
2つのたてのせんは、すこし
そとがわにまるくかくよ。

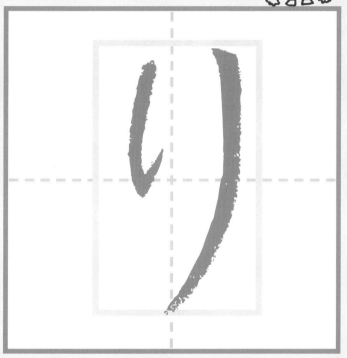

「り」からはじまることば。
ほかにどんなものがあるかな？

りんご　りす　りんどう

れんしゅうしたひ
がつ　にち

ゆびでなぞっておぼえよう

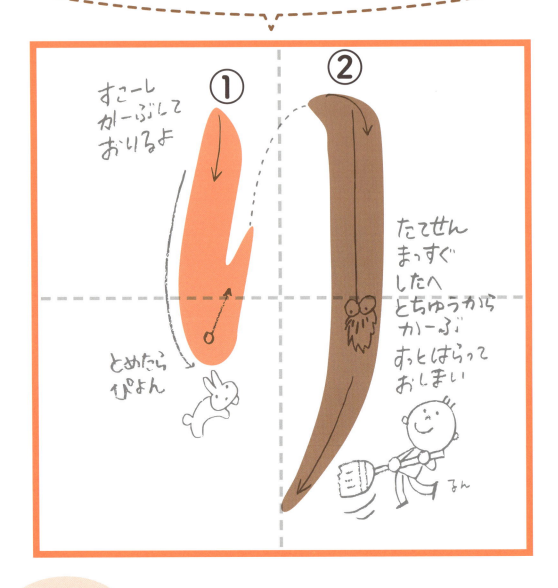

かくじゅんばんが
だいじだよ！

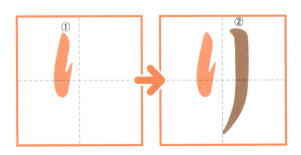

じょうずにかけるかな

▼のところから かきはじめよう！

りんごは
あきにみのるよ。
あきには くだものが たくさん。
なし、かき、ぶどう、くり、いっぱい
あるね。

さんかくのなかき る をかいてみよう！

「る」は、「ろ」とにているね。さいごはおさかなのかたちのちいさなむすびで、ぴたっととめるよ。

「る」からはじまることば。ほかにどんなものがあるかな？

るびー　るー　るっこら

れんしゅうしたひ
がつ　にち

ゆびでなぞっておぼえよう

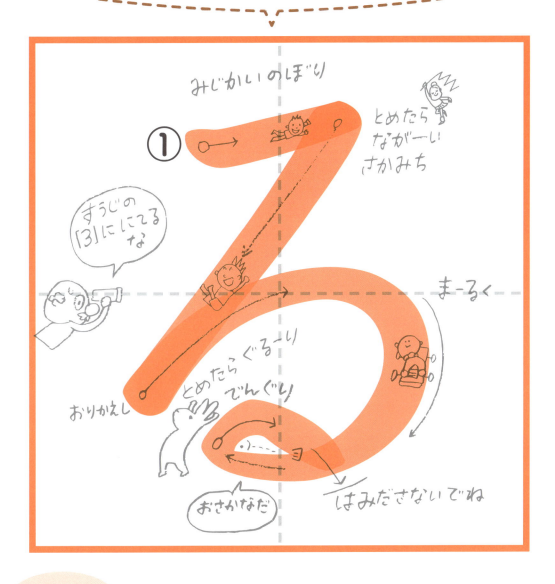

ひとふてで
かくのだ

じょうずにかけるかな

▶のところから かきはじめよう！

るーって いってる？
こむぎこを ばたーで いためて ちょうりした もの。
かれーも しちゅーも るーっていうね。

ましかくのなかに れ をかいてみよう！

「れ」は、「ね」とにているね。
「ね」はむすんでおわるけど、
「れ」はそとがわに、すっと
はねておわるよ。

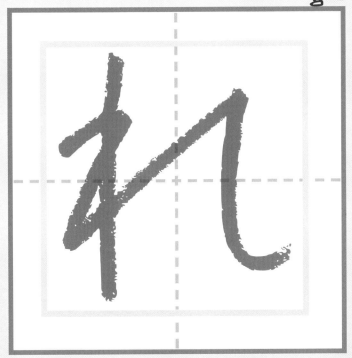

「れ」からはじまることば。
ほかにどんなものがあるかな？

れもん　れんげ　れたす

れんしゅうしたひ
　がつ　　にち

ゆびでなぞっておぼえよう

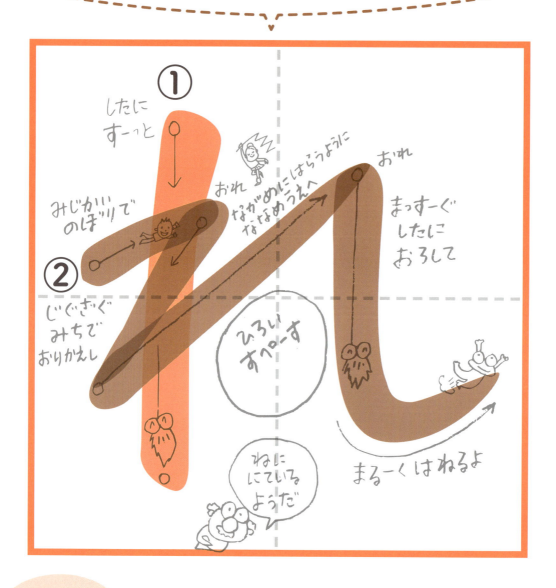

かくじゅんばんが だいじだよ！

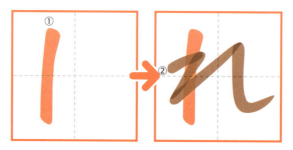

じょうずにかけるかな

▼のところから かきはじめよう!

れんげのはなは、
みつばちさんが
すきなはなだよ。
はるにさくね。

さんかくのなかも ろ をかいてみよう!

「ろ」は、ひとふででかけるよ。
さんかくのように、
したがわをおおきくまがって、
ひろめにかくよ。

「ろ」からはじまることば。
ほかにどんなものがあるかな？

ろば　　ろうそく　　ろぼっと

れんしゅうしたひ

がつ　　にち

ゆびでなぞっておぼえよう

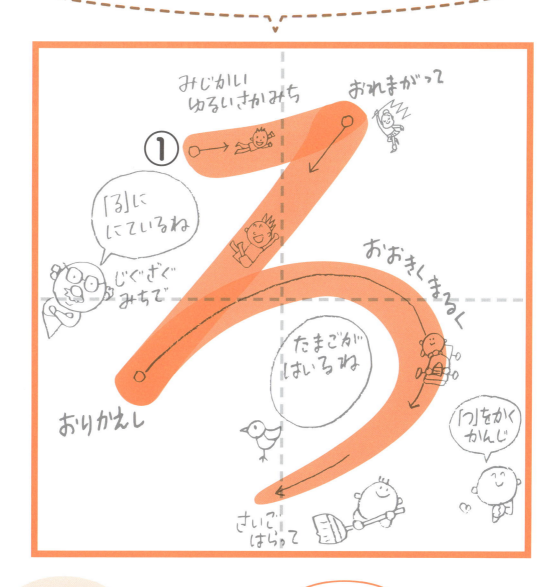

 ひとふでで かくよ

 どこかに「ろ」が かくれているよ

じょうずにかけるかな

▶のところから かきはじめよう！

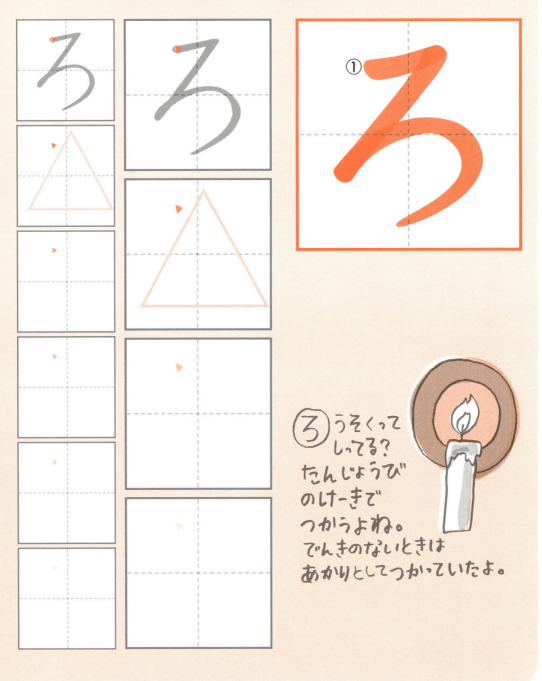

① ろ

ろ うそくって しってる？
たんじょうび のけーきで
つかうよね。
でんきのないときは
あかりとしてつかっていたよ。

ましかくのなか

わ をかいてみよう！

「わ」は、「ね」や「れ」とひだりはんぶんはおなじだね。
「わ」のみぎはんぶんは、おおきくまがりをかくよ。

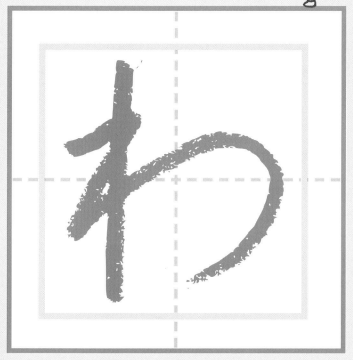

「わ」からはじまることば。
ほかにどんなものがあるかな？

わっふる　わさび　わかさぎ

れんしゅうしたひ　　がつ　　にち

ゆびでなぞっておぼえよう

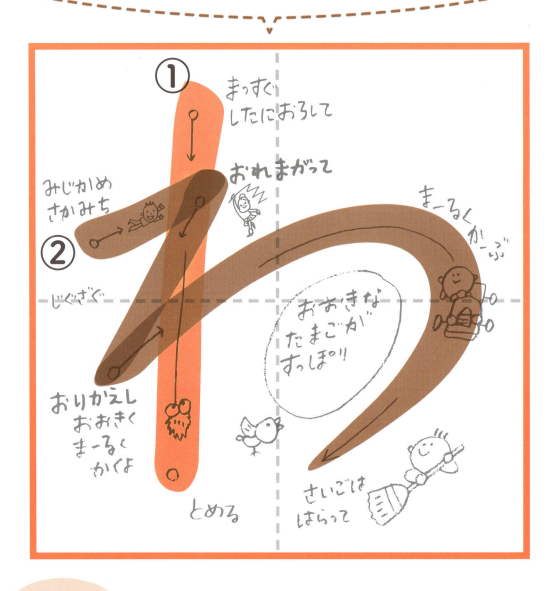

かくじゅんばんが
だいじだよ！

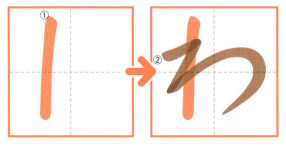

じょうずにかけるかな

▼のところから かきはじめよう！

わのつく むかしばなし しってるかな？

こたえ：わらしべちょうじゃ（日本のおとぎ話）

たてながのなかま を

をかいてみよう！

「を」は、「てがみをかく」など、ことばとことばをむすびつけるやくめをもった、とくべつなひらがなだよ。

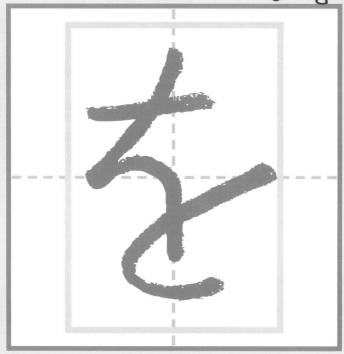

「を」は、こんなふうにつかうよ。
ほかにどんなものがあるかな？

てれびをみました。
ごはんをたべました。
べんきょうをしました。

れんしゅうしたひ
がつ　にち

ゆびでなぞっておぼえよう

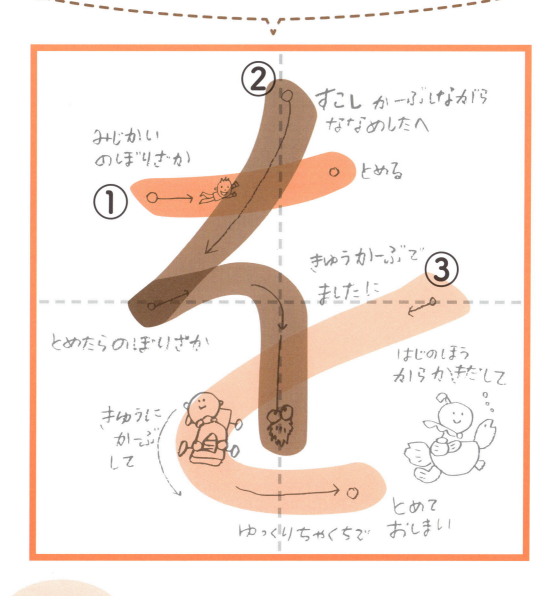

かくじゅんばんが
だいじだよ！

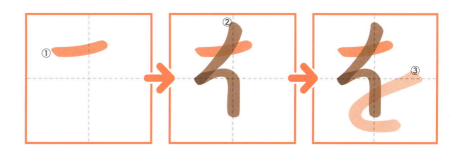

じょうずにかけるかな

▶のところから かきはじめよう！

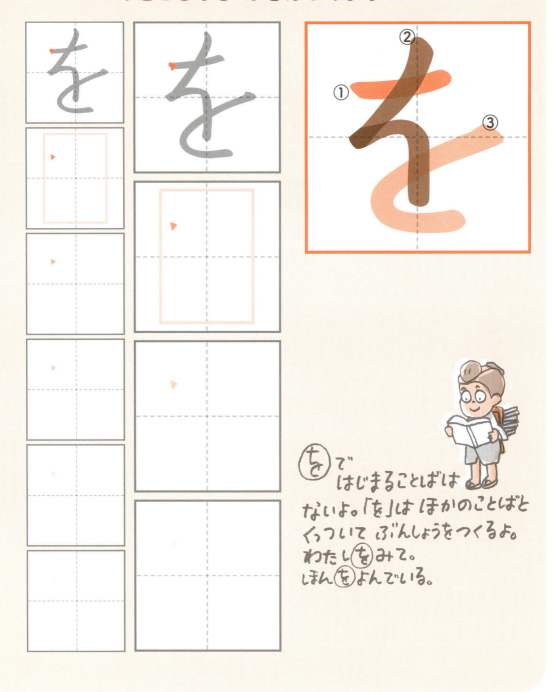

を ではじまることばはないよ。「を」はほかのことばとくっついてぶんしょうをつくるよ。
わたし を みて。
ほん を よんでいる。

さんかくのなかき ん をかいてみよう！

「ん」は、あいうえおひょうの さいごのひらがなだよ。
「ん」からはじまることばは ないんだよ。

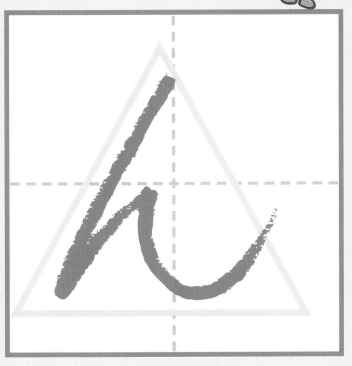

「ん」がはいっていることば。
ほかにどんなものがあるかな？

だんごむし　しんかんせん　あんみつ

れんしゅうしたひ　　がつ　　にち

ゆびでなぞっておぼえよう

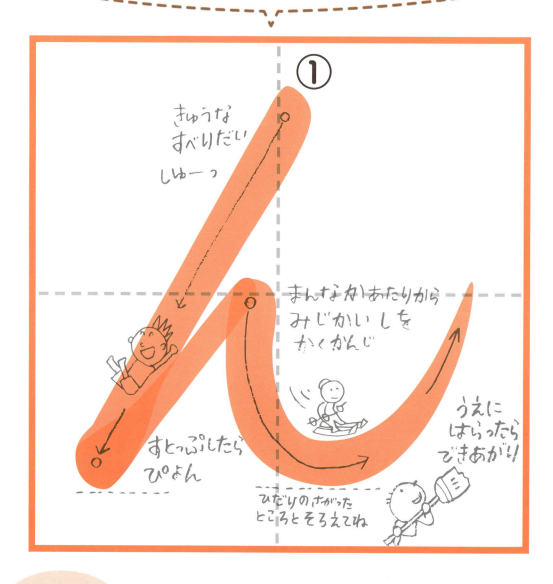

ひとふてで かくよ

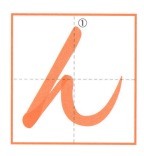

じょうずにかけるかな

▶のところから かきはじめよう！

ん ではじまる ことばは ないよ。だから しりとりは 「ん」で おわっちゃうんだね。

ひらがなのおさらい

いままでれんしゅうしたひらがなを「あいうえお」じゅんにかいてみよう！

あいうえお

かきくけこ

さしすせそ

たちつてと

さあ、かたちはおぼえたかな？いままでのもじをぜんぶかいてみよう！

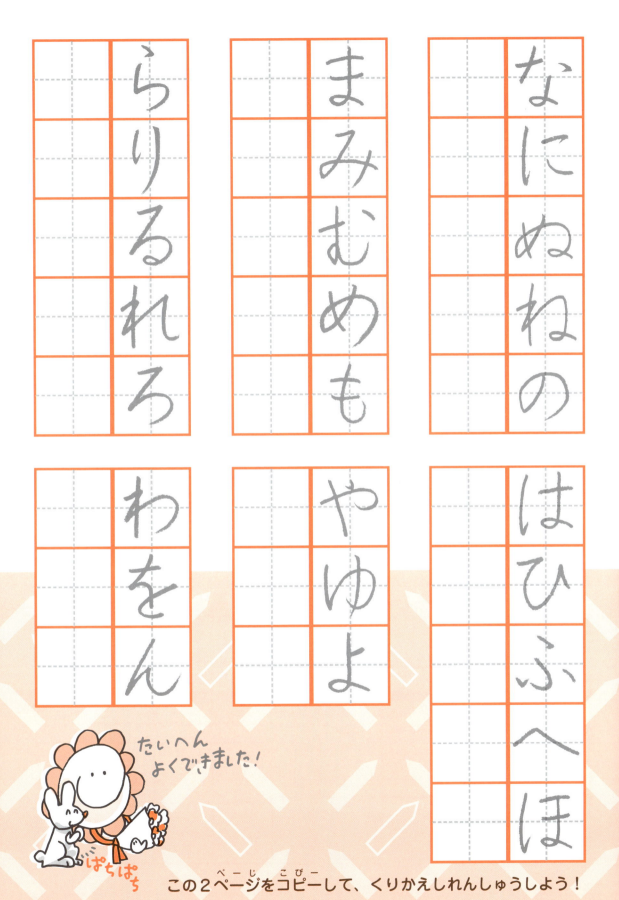

ふろく① ちいさいじ(「ゃ」「ゅ」「ょ」「っ」)をかいてみよう!

ちいさなじは、
たてのときと、よこのときでは、
かくばしょがちがうよ。

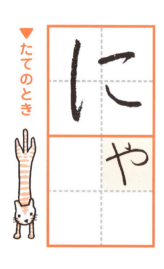
▼たてのとき

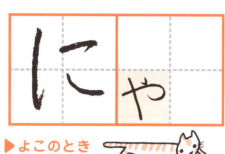
▶よこのとき

たてのときと
よこのときは
かくところが
ちがうんだね

ちいさな「っ」も
「ゃ」「ゅ」「ょ」と
おなじばしょに
かくんだね

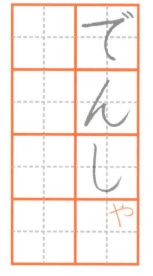

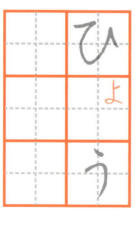

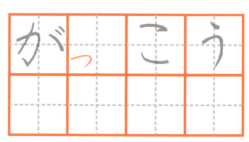

ふろく❷

「゛」「゜」をかいてみよう！

「゛（だくてん）」と「゜（はんだくてん）」は、かならず、みぎうえにかくよ。

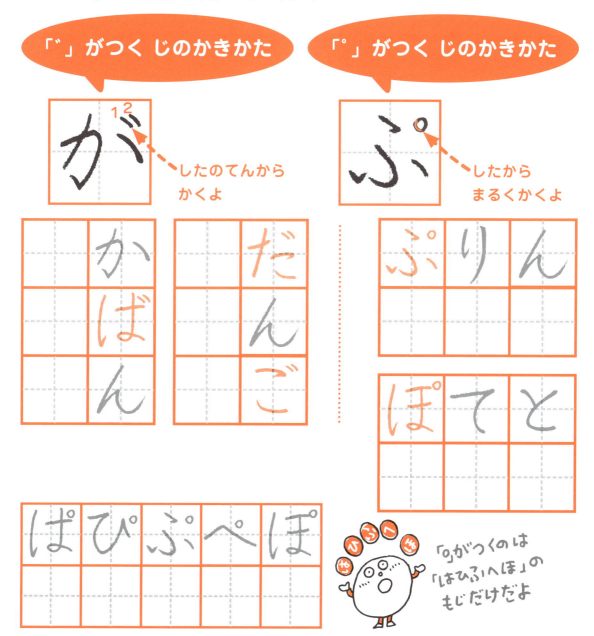

ふろく❸ 「、」と「。」をかいてみよう!

「、(てん)」と「。(まる)」は、ぶんの くぎりやおわりをしめす きごうだよ。

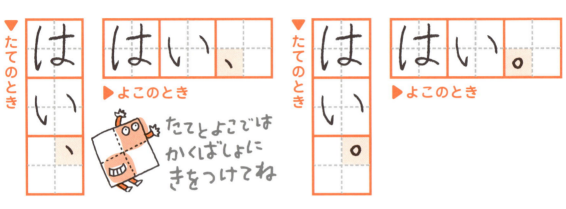

こうえんで □
あそびました □

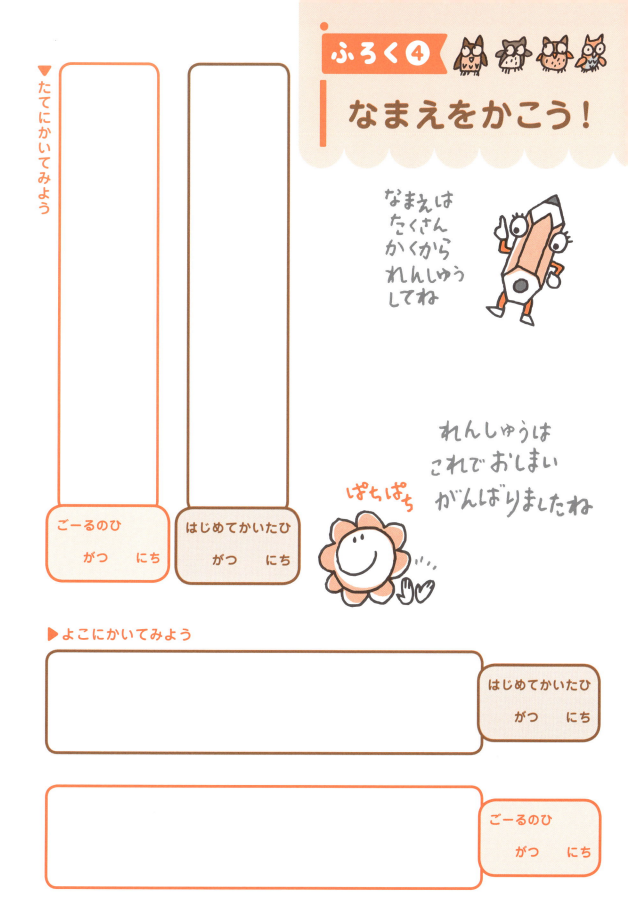

監修者紹介

山下静雨（やました・せいう）
大分県姫島生まれ。第1回ペン字検定で最高位をトップで合格、文部大臣賞を受賞。ペン習字研修センターを主宰し、通信指導で門弟の指導と育成にあたっているほか、ペン字書物の執筆、企業研修や講演会、テレビ、雑誌など、多方面で活躍。著書に『もっと「きれいな字！」が書ける本』（三笠書房）、『えんぴつで綴る「初恋」藤村詩集』（大和書房）、『見違えるほどきれいな字が書ける本』（KKベストセラーズ）、『字がうまくなるなる書き込み式練習帳』（青春出版）、『きれいな字が面白いほど書ける本』（中経出版）、『たちまち字がうまくなる本』（土屋書店）など多数。

武田静風（たけだ・せいふう）
埼玉県生まれ。平成16年ペン習字研修センターに入会し、山下静雨先生に師事。平成20年同師範。平成26年度文部科学省後援硬筆書写技能検定試験の最高位1級合格、優良賞受賞。

イラスト・図版　大久保友博
ブックデザイン　おおつかさやか
校　　　正　　川平いつ子
編集協力　　さくらエディション（未来工房）
DTP制作　　株式会社三秀舎

・・

どんな子でも すぐにきれいな字になる！
まほうの ひらがなれんしゅうちょう

2017年 9月15日　第1刷発行
2019年12月 1日　第3刷発行

監修者　山下静雨／武田静風
発行者　吉田芳史
印刷所　株式会社光邦
製本所　株式会社光邦
発行所　株式会社日本文芸社
　　　　〒135-0001　東京都江東区毛利2-10-18　OCMビル
　　　　TEL　03-5638-1660（代表）
　　　　URL https://www.nihonbungeisha.co.jp/

©Nihonbungeisha 2017
Printed in Japan 112170825-112191120Ⓝ03（030009）
ISBN978-4-537-21517-5
（編集担当：坂）

乱丁・落丁などの不良品がありましたら、小社製作部宛にお送りください。
送料小社負担にておとりかえいたします。
法律で認められた場合を除いて、本書からの複写・転載（電子化を含む）は禁じられています。また、代行業者等の第三者による電子データ化および電子書籍化は、いかなる場合も認められていません。